"南海油气"丛书

南海油气
工业利用与发展

NANHAI YOUQI GONGYE LIYONG YU FAZHAN

王子雯　郑建宜　王艳霞
吴时国　韦成龙　汪贵锋　等编著

中国地质大学出版社
ZHONGGUO DIZHI DAXUE CHUBANSHE

图书在版编目(CIP)数据

南海油气工业利用与发展/王子雯等编著. —武汉:中国地质大学出版社,2024.4
("南海油气"丛书)
ISBN 978-7-5625-5835-4

Ⅰ.①南… Ⅱ.①王… Ⅲ.①石油工业-产业发展-海南 ②天然气工业-产业发展-海南
Ⅳ.①F426.22

中国国家版本馆 CIP 数据核字(2024)第 075751 号

| 南海油气工业利用与发展 | 王子雯 郑建宜 王艳霞 吴时国 韦成龙 汪贵锋 | 等编著 |

| 责任编辑:韦有福 | 选题策划:韦有福 | 责任校对:宋巧娥 |

出版发行:中国地质大学出版社(武汉市洪山区鲁磨路388号)	邮编:430074
电　　话:(027)67883511	传　　真:(027)67883580	E-mail:cbb@cug.edu.cn
经　　销:全国新华书店		http://cugp.cug.edu.cn

开本:787毫米×1092毫米　1/16	字数:236千字	印张:9.25
版次:2024年4月第1版		印次:2024年4月第1次印刷
印刷:湖北新华印务有限公司		

| ISBN 978-7-5625-5835-4 | 定价:128.00元 |

如有印装质量问题请与印刷厂联系调换

"南海油气"丛书
编委会

丛书主编：汪贵锋　吴时国

执行主编：王子雯　秦　菡

编　　委（按姓氏拼音排序）：

　　　　　方小宇　冯悉尼　黄仕锐　刘艳锐

　　　　　刘芝京　龙根元　覃茂刚　王艳霞

　　　　　韦成龙　徐子英　郑建宜

制　　图：秦　菡　冯悉尼　黄仕锐　覃茂刚

　　　　　郑建宜　王艳霞　刘芝京

《南海油气工业利用与发展》编委会

主　　编：王子雯

副 主 编：郑建宜　王艳霞

编　　委（按姓氏拼音排序）：

　　　　　汪贵锋　韦成龙　吴时国

制　　图：秦　菡　冯悉尼　黄仕锐　覃茂刚

　　　　　郑建宜　王艳霞　刘芝京

"南海油气"丛书

序

南海是我国海洋石油工业的发祥地,油气资源十分丰富。自1957年在莺歌海沿岸首次发现油气苗以来,南海油气勘探开发已走过了近70年的光辉岁月。我国在南海北部海域已建成年产超2500万t油当量的油气生产基地,累计生产原油近4亿t、天然气1300亿m^3,并且不断地向深水进军,向中南部复杂海洋环境进军。海洋油气勘探开发不仅具有"高风险、高投入、高科技"等特性,而且面临着台风内波等极端海洋环境和复杂的地缘政治形势。近70年来,我国海洋油气勘探开发克服了种种艰难困苦,取得了辉煌的成就,经历了自营探索阶段、对外合作与自营并举勘探阶段、滚动勘探开发阶段和自主勘探开发阶段,尤其是在大多数外企投资减少之后,我国的石油工作者刻苦钻研、勇于创新,获得了油气理论创新和勘探新发现,突破了技术瓶颈并研发了关键装备,有力地支撑了国民经济发展!

尽管海南省管辖约200万km^2的海域面积,但它的油气产业发展时间较短,基础较薄弱,油气工业发展缓慢。1996年,琼东南盆地崖13-1气田建成投产以来,其年产值仅占同年工业生产总值的3.92%。为改变这一状况,海南省人民政府自2006年开始陆续出台相关政策,大力发展油气产业,2018年海南省油气产业规模以上工业产值首次突破千亿元,2020年其产值达1055亿元,占全省工业生产总值的51.22%,油气产业已成为海南省工业经济的龙头支柱产业。

追忆往昔,筚路蓝缕创业实艰辛;凝视当下,捷报频传硕果挂满枝;展望未来,天高海阔扬帆可远航。"历史照亮未来,征程未有穷期。"总结历史和把握现在都是为了走向更美好的未来。深入贯彻新发展理念,加快构建新发展格局,提升南海油气勘探开发力度,巩固成熟油气区的扩边挖潜、增储上产,探索新领域、新层系、深远海,开拓海上丝绸之路经济带能源合作,推动石油工业高质量发展,是保障国家能源安全、维护国家主权、实现"一带一路"倡议目标的具体实践,是加快建设国家生态文明试验区和重大战略服务保障区的需要。推进南海油气勘探开发是海南自由贸易港战略定位赋了海南省地质工作者的神圣使命,更是响应习近平总书记"能源的饭碗必须端在自己手里"的重要举措。

"南海油气"丛书，是海南省众多著名专家、学者合作完成的有价值的专业丛书。本丛书作者长期从事南海的石油勘探开发和地质研究工作，在南海油气研究中取得了丰硕的成果，以实际行动支撑了海南自由贸易港油气工业发展，通过广泛的调研收集资料，系统的数据整理和加工，最终完成了这套丛书。本丛书从南海油气资源基础、勘探开发、工业利用等多个角度进行论述，是一套全面介绍南海油气工业全产业链的文献书籍。本丛书主要内容涉及南海常规油气资源、天然气水合物资源、海南自由贸易港和国家"双碳"战略目标，是切合目前国家发展战略需求、体现石油工业特色和鲜明时代亮点的佳作，对南海油气资源勘探开发和海南自由贸易港油气产业发展具有重要的参考价值。

十分高兴南海油气工业的蓬勃发展，乐见众多同仁关心海洋石油事业的发展。值此成果出版之际，作此序以致贺！

1988年4月13日,第七届全国人民代表大会第一次会议通过关于设立海南省的议定和建立海南经济特区的决议,批准设立海南省,授权管辖西沙群岛、南沙群岛、中沙群岛的岛礁及其海域,划定海南岛为经济特区。海南省陆地面积仅3.54万 km^2,虽然它是一个陆域小省,却管辖了约200万 km^2 海域面积,因此它又是一个海洋大省。2018年4月13日,海南全岛启动建设自由贸易试验区,2020年6月1日开启建设中国特色自由贸易港(简称"海南自贸港")的新纪元。

海南省位于我国最南端,北以琼州海峡与广东省划界,西于我国北部湾与越南相对,东、南面在我国南海中与菲律宾、文莱、印度尼西亚和马来西亚为邻,是21世纪海上丝绸之路的"桥头堡"。海南省的行政区域包括海南岛、西沙群岛、中沙群岛、南沙群岛的岛礁及其海域,是我国唯一的海洋大省,管辖着南海的大部分海域,是沟通太平洋与印度洋、亚洲与大洋洲的十字路口,是21世纪海上丝绸之路建设的核心区域,也是我国和平崛起的战略支点,扼"海上丝路"之要冲,守"蓝色国土"之前哨,区域地理位置具有十分重要的战略意义。

海南省人口少,市场不够活跃,经济基础水平受到地理条件限制,交通、原料、人力等方面没有优势,加之热带风光的环境保护要求,造成工业主导发展不能大面积展开,工业底子薄,总体发展较落后。到2021年,全省生产总值才突破6000亿元,达6 475.20亿元,全省总人口为10 081 232人(2020年第七次全国人口普查结果,2021年5月10日公布),人均GDP 6.42万元,远低于全国平均水平(8.10万元)。按不变价格计算,2021年海南省GDP同比增长11.2%,名义增速最快的地区是受益于石油炼化工业的洋浦区,相比上一年度增长了34.2%。

海南自贸港既是我国进一步深化改革开放的试验田、西南腹地走向世界的前沿,又是开发利用南海资源的前沿基地,不仅能加快海南省的经济发展,还将重塑南海格局,它有望成为连接内陆和泛南海区域的国际贸易、物流的重要支点,与海上丝绸之路各经济体一起,整合人才、技术、产能等资源,推动泛南海经济合作圈建设,推动南海油气资源和平开发利用。南海是"世界油气资源七大集中区"(中东、里海、加勒比海、西伯利亚、西非、南海、墨西哥湾)之一,蕴藏着丰富的石油、天然气和天然气水合物资源,资源开发潜力巨大,素有"第二个波斯湾"美誉。海南省发展油气产业除了有独特的资源优势之外,还有港口运输优势、"双循环"区位优势和自贸港政策优势。油气产业的发展不仅可以促进海南省经济社会的发展,而更重要的是对缓解我国能源短缺、降低对国外油气的依赖具有重要的作用。

南海是我国海洋石油事业的发祥地。我国在南海北部海域的油气勘探历史悠久,主要经历了自营探索阶段(1980年以前)、对外合作与自营并举勘探阶段(1980—1990年)、滚动勘探开发阶段(1991—2006年)、自主勘探开发阶段(2007年以来)。南海勘探不断取得突破,源源不断地为祖国提供油气资源。从1960年,在莺歌海盐场水道口以南1.5km处钻的第一口井——英冲1井,到崖城13-1气田、陆丰13-1油田群、流花11-1大油田、荔湾3-1深水大气田、深海一号(陵水17-2)的开发,南海北部海域实现了油气并举开发的跨越式发展。我国地质工作者通过不断提升理论认识和科研水平,相继攻克多项关键核心技术,创新深水、高温高压天然气成藏理论,突破高温高压钻井、低阻油藏识别、深水钻完井等难题,实现了我国自营勘探开发的第一个深水大型气田(深海一号)的正式投产,同时使海上油气勘探开发装备的核心零部件国产化制造、装配工艺及海上安装等多项技术加大升级,数字化、智能化油气田和炼厂建设的不断推进,极大促进管理的变革,实现海上勘探开发降本增效,也提高了后勤保障的响应速度。目前,南海北部海域已建成规模较大的油气生产基地,2022年年产量超过2800万t油当量,成为我国海上第二大能源基地。

海南本岛福山凹陷的油气勘探自1958年开始,历经地质普查(1958—1975年)、石油会战(1976—1984年)、对外合作(1985—1988年)和自营勘探(1988年至今)4个阶段,1999年9月9日实现工业突破,2000年试生产原油突破1万t。目前该区域有花场、朝阳、美台、永安、白莲等油气田投产,建成了40万m^3油气当量的年产能,截至2019年9月,已累计生产原油355万t、天然气27亿m^3,完成投资100亿元,产值155亿元,缴纳税费33亿元,为海南经济发展做出较大贡献。

1996年初,琼东南盆地崖13-1气田建成投产,开创了海南省油气资源开发利用的新历程。1997年至2005年为海南省油气产业的起步阶段,从2006年开始,海南省油气产业逐渐发展壮大,2018年,海南省油气产业规模以上工业产值达1005亿元,首次突破千亿元,占全省规模以上工业产值的45.2%。在海域油气探采相关产值未完全纳入海南省统计的情况下,油气产业就已经成为海南省工业经济的龙头支柱产业。

经过多年发展,海南省已经初步形成了集"勘探、开发、加工、仓储、物流、销售"于一体的较为完整的油气产业体系,为国家重大战略服务保障区的建设提供了产业支撑。上游勘探开发业务方面,海上中海石油(中国)有限公司(简称"中海油")在海南设立分公司和陆上中国石油天然气集团公司(简称"中石油")海南福山油田勘探开发有限责任公司共同构建了海陆并举新格局。中游管道网络建设持续完善,天然气主干管道总里程达947km,环岛天然气主干管网闭合成环,覆盖沿海12个市、县。下游油气加工产业形成了"三个龙头和三条产业链",即以海南炼化为龙头的石油化工产业、以中海化学为龙头的天然气化工产业、以东方石化为龙头的精细化工产业。

"南海油气"丛书是长期从事和关注南海油气产业发展的研究人员在大量研究工作的基

础上,结合国家战略、海南经济社会发展需要,分析总结提炼而成的。丛书以介绍整个南海地质背景为开端,重点叙述南海北部海南岛周边四大近海盆地,兼顾中南部诸盆地油气成藏地质条件和勘探开发历程,在充分分析研究的基础上展望了我国南海油气勘探开发前景,最后聚焦海南油气产业发展,提出了相应的对策建议。全套丛书共分为三册,其中,《南海油气地质概况与资源基础》由黄仕锐、龙根元、吴时国等主笔,主要介绍南海地质概况、常规油气和天然气水合物资源成藏地质条件及其资源潜力等;《南海油气勘探开发回顾与展望》由汪贵锋、秦菡、王子雯等主笔,主要对南海油气资源的发现和勘探开发历程进行了系统梳理,对勘探开发现状与形势进行了认真总结,对勘探开发前景做出了分析与展望,并相应地给出了建议;《南海油气工业利用与发展战略》由王子雯、郑建宜、王艳霞等主笔,主要介绍国内外油气工业发展情况、南海油气工业发展现状,油气产业最新发展动态、"双碳"战略目标给油气产业带来的挑战和机遇,并就南海油气产业发展提出了相对应的战略建议;汪贵锋、吴时国最终统稿。参加本丛书编写、制图等工作的人员还有韦成龙、方小宇、覃茂刚、冯悉尼、刘芝京等同志,限于篇幅不一一列举。在此,向辛勤付出的同志们道一声辛苦了。

值此"南海油气"丛书出版之际,谨向为编写本丛书付出辛勤劳动的专家、学者,以及关心支持南海油气产业发展的所有同仁表示衷心的感谢! 由于笔者水平有限,不足之处在所难免,恳请各位读者批评指正。

前言 PREFACE

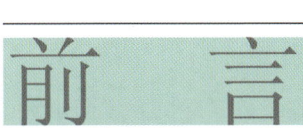

基辛格说:"如果你控制了石油,你就控制了所有国家。"从历史来看,石油是大国崛起的助推器和标志之一,是安全、繁荣的关键,也是文明的基础。人类进入 21 世纪以来,国际形势风云变幻,地缘政治事件频频突发,"供给西进"和"需求东移"成为当今全球能源的主导路径,受到环境保护和全球"双碳"战略的影响,以天然气等清洁能源为主体的新能源体系成为目前世界能源结构可持续发展的方向,但是石油的重要影响和战略地位并没有动摇,以中国等新兴经济国家成为新的能源消费体,在全球能源市场上正扮演着越来越重要的角色。未来,随着能源需求的不断变化,全球主要能源结构也将发生重大调整,新的能源格局正在逐渐形成。

南海油气资源潜力巨大,海南省作为管辖南海海域面积 200 多万 km^2 的海洋大省,拥有发展油气资源勘探、开发及炼化产业的优势。2018 年 4 月,习近平总书记郑重宣布,党中央决定支持海南全岛建设自由贸易试验区,支持海南省逐步探索、稳步推进中国特色自由贸易港建设,分步骤、分阶段建立自由贸易港政策和制度体系。油气产业作为助力海南自由贸易港(海南自贸港)实体经济腾飞最主要的支柱产业之一,必须牢牢抓在自己手里,才能加快推进海南省建设的进程,有力保障好国家能源安全,守好祖国南大门。

为了让广大读者对南海油气工业利用与发展形势有更全面、更深入的了解,且将研究成果有形化,本书在近年研究成果的基础上,全方位阐述世界油气产业局势和"双碳"背景下的发展趋势,全面梳理世界主要油气"供给端"和"需求端"国家的油气行业发展现状;立足南海油气资源禀赋和产业基础,详细分析介绍了海南省油气产业发展优势和存在的短板,并围绕海南自贸港建设和高起点发展海洋经济,积极推进南海天然气水合物、海底矿物商业化开采的"海洋强省"战略,结合海南省经济社会发展需要,为提升南海油气资源勘探开发力度,加快南海油气工业提质增效、转型升级提供参考意见与建议。

本书是由长期从事海南油气炼化化工等相关研究的工作团队共同努力的成果,主要执笔人为王子雯、郑建宜、王艳霞、吴时国、韦成龙、汪贵锋。王子雯整理近年来世界油气工业的情况、全面梳理国内外以及海南油气工业的发展历程和现状,依托国家战略为南海油气工业未来的发展方向作铺垫;郑建宜负责分析国际能源格局变化以及国际石油和天然气的走势,结合在"双碳"背景下未来全球经济发展趋势,对我国油气产业提出相应的对策建议;王艳霞对南海油气产业目前发展的优势和存在的短板进行了详细论述,结合海南省经济社会发展需要,为提升南海油气资源勘探开发力度,加快南海油气工业转型升级、提质增效提供参考意见与建议;吴时国通过研究南海油气在"双碳"背景下面临的挑战以及中石油(中国石油天然气集团有限公司)、中石化(中国石油化工集团有限公司)、中海油[中国石油(中国)有限公司海南分公司]目前的"双碳"发展战略,提出南海油气工业的发展是海南省经济破题开篇的契机;汪贵锋聚焦"气化海南"的战略部署,依托莺琼盆地天然气开发,简述了海南天然气管网布局和产销现状;韦成龙对本书所涉及的内容查阅了大量文献,为本书的编写提供了丰富的素材;最后由汪贵锋统阅定稿。

本书在编写过程中得到了海南省自然资源和规划厅、中国科学院三亚深海科学与工程研究所、中石油海南福山油田勘探开发有限责任公司、中海油海南分公司领导及专家的大力支持与帮助,得到了海南省财政资金项目"南海油气资源勘探开发动态信息跟踪(2022年度)"、海南省院士创新平台科研专项"琼东南盆地三气合采试验区的工程地质风险评价及应用研究"(YSPTZX202204)、海南省重点研发高新技术方向项目"基于海洋钻探的井下式多功能取样测试系统研发与应用"(ZDYF2023GXJS011)、中国工程科技发展战略海南研究院咨询研究项目"南海海洋油气与矿物资源发展战略研究"(HN-19-ZT-05)和"海洋地球物理大数据平台建设及其在南海资源勘探开发战略规划中的应用"(20-HN-ZT-01)等的支持,在此一并致以最诚挚的感谢。

由于笔者水平有限,书中不妥之处在所难免,敬请广大读者批评指正。

笔　者

2023年11月于海口

目录

第一章 油气资源 格局演变启迪未来 (2)
第一节 国际能源格局演变 (3)
一、石油危机前的传统石油输出国 (3)
二、石油危机后出现的新兴能源供应国 (5)
三、传统能源消费中心 (10)
四、新兴能源消费中心 (12)
五、国际能源供需现状 (14)
第二节 能源结构调整趋势 (15)
一、"双碳"背景 (15)
二、主要能源国能源结构调整趋势 (17)
第三节 对国内油气产业的启示及建议 (19)
一、减煤稳油增气 (19)
二、完善石油期货交易体制 (19)
三、保障石油运输通道安全 (20)
四、加强国际能源合作 (20)
五、加快天然气供应保障体系建设 (20)
六、推动国际能源交易人民币结算 (21)

第二章 油气工业 全球经济晴雨表征 (24)
第一节 近年来世界油气工业变化 (25)
一、2018年世界油气工业概况 (25)
二、2019年世界油气工业概况 (26)
三、2020年世界油气工业概况 (27)
四、2021年世界油气工业概况 (29)
第二节 主要油气工业国发展现状 (30)
一、美国 (30)

二、俄罗斯 ……………………………………………………………………… (35)
　　三、沙特阿拉伯 …………………………………………………………………… (45)
　　四、新加坡 ………………………………………………………………………… (50)

第三章　工业血液　保障国民经济安全 …………………………………………… (60)
第一节　我国油气分布 ……………………………………………………………… (61)
第二节　我国油气工业发展历史 …………………………………………………… (62)
　　一、我国石油工业发展史 ………………………………………………………… (62)
　　二、我国天然气工业发展史 ……………………………………………………… (64)
第三节　我国油气贸易 ……………………………………………………………… (65)
第四节　我国炼化工业 ……………………………………………………………… (67)
第五节　我国油气运输 ……………………………………………………………… (69)

第四章　开发南海　供应低碳清洁能源 …………………………………………… (72)
第一节　天然气产销 ………………………………………………………………… (73)
第二节　气化海南 …………………………………………………………………… (74)

第五章　炼化化工　助力海南经济腾飞 …………………………………………… (78)
第一节　海南油气炼化工业发展历程 ……………………………………………… (79)
　　一、炼油化工一体化 ……………………………………………………………… (79)
　　二、天然气化工 …………………………………………………………………… (81)
第二节　海南油气工业现状 ………………………………………………………… (82)
　　一、油气工业集群分布 …………………………………………………………… (83)
　　二、加工消费现状 ………………………………………………………………… (86)
　　三、成品油进出口现状 …………………………………………………………… (88)
　　四、LNG 工业现状 ………………………………………………………………… (89)
　　五、油气管网现状 ………………………………………………………………… (89)
　　六、商储现状 ……………………………………………………………………… (90)
　　七、销售以及加油站现状 ………………………………………………………… (91)
　　八、海南省能源交易现状 ………………………………………………………… (92)
　　九、两化融合管理现状 …………………………………………………………… (93)

第六章　双碳挑战　自贸港迎发展机遇 …………………………………………… (96)
第一节　"双碳"的挑战 ……………………………………………………………… (97)
　　一、碳中和窗口期非常短、南海油气工业起步晚 ……………………………… (97)
　　二、天然气清洁能源规模发展面临挑战 ………………………………………… (99)
　　三、实现碳中和深海资源开发的技术瓶颈 ……………………………………… (99)
第二节　我国石油公司的低碳发展战略 …………………………………………… (100)
　　一、中石油的综合减碳策略 ……………………………………………………… (101)
　　二、中石化以技术创新推动绿色发展 …………………………………………… (101)
　　三、中海油大力发展天然气和海上风电项目 …………………………………… (102)
第三节　"双碳"背景下南海油气工业发展的机遇 ………………………………… (103)
　　一、强化低碳开发举措,实现能源二氧化碳高效驱油 ………………………… (103)

二、强化海洋固碳举措,推动能源行业海洋碳封存 ………………………………… (104)
　　三、加强海洋大数据平台建设,助力油气勘探开发一体化 ……………………… (105)
　　四、大力推进清洁能源开发,确保天然气水合物能源开发利用 ………………… (105)

第七章　立足当下　科学谋划发展战略 ……………………………………………… (108)
第一节　发展现状与面临的形势 ……………………………………………………… (109)
　　一、发展现状 ……………………………………………………………………… (109)
　　二、面临的形势 …………………………………………………………………… (110)
第二节　发展优势与存在的问题 ……………………………………………………… (112)
　　一、发展优势 ……………………………………………………………………… (112)
　　二、存在的问题 …………………………………………………………………… (114)
第三节　乘风破浪之举 ………………………………………………………………… (116)
　　一、规划引领,擘画蓝图 …………………………………………………………… (116)
　　二、省部合作,推进改革 …………………………………………………………… (117)
　　三、搭建组织,保障有力 …………………………………………………………… (118)
　　四、他山之石,可以攻玉 …………………………………………………………… (119)
第四节　扬帆逐梦之策 ………………………………………………………………… (121)
　　一、多措并举,提升南海油气资源勘探力度 ……………………………………… (121)
　　二、组建自贸港油气全产业链智库 ……………………………………………… (122)
　　三、用好现有政策,灵活创新政策 ………………………………………………… (123)
　　四、扩建油气储备基地,完善油气产品交易机制 ………………………………… (124)
　　五、数字化、智能化管理服务促进创新增效 ……………………………………… (124)
　　六、延伸做优产业链,加快炼油化工转型升级 …………………………………… (125)
　　七、加强用海用地协调,推动海洋油气勘探开发 ………………………………… (125)
　　八、加强油气产储输环节的环境保护 …………………………………………… (126)
　　九、开展二氧化碳封存地质空间探测和评价 …………………………………… (126)
　　十、推动南海中南部油气资源共同开发形成突破 ……………………………… (127)

主要参考文献 …………………………………………………………………………… (128)

"南海油气"系列

第一章

油气资源　格局演变启迪未来

第一章　油气资源　格局演变启迪未来

统计数据显示,我国油气资源对外依存度在70%左右,国际油价的变化对国内经济的发展影响巨大。本章通过介绍近代国际油气产业发展情况,分析国际油气产业的格局形势、油气行情走势、当前能源结构调整趋势及对未来全球经济的影响,从而形成了对我国目前油气产业发展的一些建议。

第一节　国际能源格局演变

现代石油史始于1846年,加拿大大西洋省区的亚布拉罕·季斯纳发明了从煤中提取煤油的方法。1853年波兰科学家伊格纳西·卢卡西维茨(Ignacy Lukasiewicz)发明了使用更易获得的石油来提取煤油的方法。1854年,在靠近波兰南部克罗斯诺(Krosno)的Bobrka发现了第一个"岩石油"矿,卢卡西维茨在Ulaszowice附近建造了第一家炼油厂。这些发明和发现迅速传遍了世界各地。1854年,美国宾夕法尼亚石油公司成立,这是全球第一家石油公司。1858年,美国人费里斯加工了161t原油,成为当时美国最大的炼油商。次年,美国人德雷克在美国宾夕法尼亚州建立了世界上第一口商业运作的油井,标志着世界石油工业的开端。1861年Meerzoeff在巴库的成熟油田上建造了第一家炼油厂(炼厂的原油几乎全部出自巴库油田,当时世界上90%的石油产自巴库,后来的斯大林格勒战役也是为夺取巴库油田而展开的)。同年,一船煤油从美国抵达英国伦敦,全球化的石油贸易大门从此打开。

一、石油危机前的传统石油输出国

世界原油的分布从地理位置上来看极不平衡:从东西半球来看,约3/4的石油资源集中于东半球,西半球只占1/4;从南北半球看,石油资源主要集中于北半球;从纬度分布看,石油资源主要集中在北纬20°—40°和50°—70°两个纬度带内。其中,波斯湾、墨西哥湾两大油区和北非各油田均处于北纬20°—40°内(图1-1),集中了占全世界51.3%的石油储量;北纬50°—70°纬度带内则有著名的北海油田、西西伯利亚油田和阿拉斯加湾油区。

1860年至1966年的100多年里,北美石油产量一直占据着世界首位。第二次世界大战后,面对实现经济复苏的艰巨任务,美国对石油资源需求量陡增,在1948年成为石油净进口国,起初是委内瑞拉、墨西哥的大量原油流向美国,后来更廉价的中东石油也开始流向美国,从而改变了世界石油供给地缘板块和石油国际贸易的地理分布,同时也改变了石油地缘政治格局。在"二战"之后的18年间里,北美原油产量一直位居世界首位,直至1970年中东原油产量首次超过美国,占世界总产量的比重达到27.84%(同年北美原油产量占世界比重的26.21%),国际石油历史完成了从"墨西哥湾时代"向"波斯湾时代"的演变。

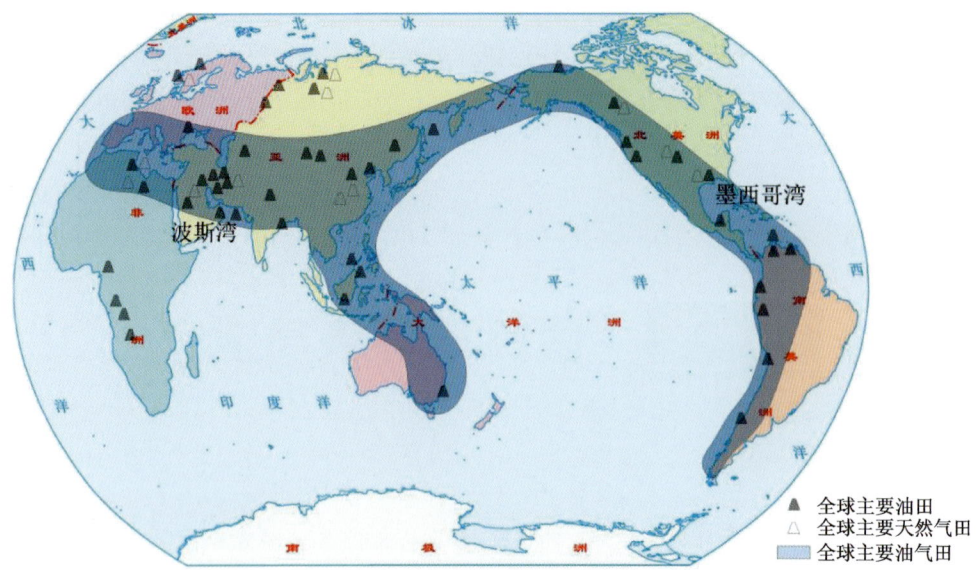

图 1-1　世界原油分布图

中东波斯湾地区地处欧、亚、非三洲的交通枢纽位置,石油资源非常丰富,被誉为"世界油库"。2021 年 BP 公司发布的《世界能源统计年鉴》数据显示,中东地区的原油探明储量为 1132 亿 t,占世界总探明储量的 48.3%。在世界原油探明储量排名前十位的国家中,中东国家占了五位,依次是沙特阿拉伯、伊朗、伊拉克、科威特和阿联酋。其中,沙特阿拉伯探明原油储量约为 409 亿 t,居世界第二位。伊朗探明原油储量约为 217 亿 t,居世界第四位。伊拉克探明原油储量约为 195 亿 t,居世界第五位(图 1-2)。

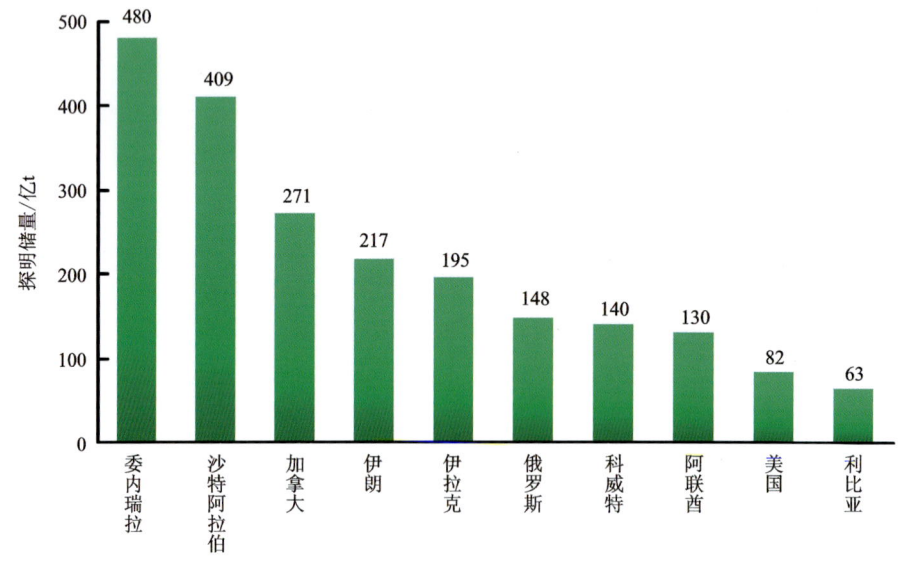

图 1-2　世界探明原油储量排名前十位的国家

"二战"之后出现的传统能源输出国建立的石油输出国组织简称"欧佩克"(Organization of the Petroleum Exporting Countries,OPEC),是亚非拉石油生产国为协调成员国石油政策、反对西方石油垄断资本的剥削和控制而建立的国际组织,于1960年9月成立。欧佩克的影响力主要来自其巨大的产能,其调控油价的目标是"收入最大化",它最常见的调控手段是通过调节成员国的"产量配额"得到其目标油价。1982年起,欧佩克建立了配额制,在规定组织总体产量限额的同时,对各成员国的具体产量进行限制,即通过限制产量来稳定石油价格。欧佩克在产量政策上更多倾向于石油市场的需求,它们根据需求适当地进行配额调整,以维护欧佩克的目标油价。在石油供应中断时,欧佩克通过释放剩余产能阻止油价的上涨;当石油需求减少时,欧佩克通过削减产量来抑制油价的下跌。由于受中东地区战争冲突、欧佩克成员之间存在配额争夺和边境摩擦、非欧佩克国家产量提升等因素影响,进入20世纪80年代后欧佩克的全球石油出口量占比下降明显(《欧佩克年度统计公报》,2020)(图1-3),特别是进入21世纪后,美国页岩油革命成功迫使欧佩克在全球的影响力减弱。

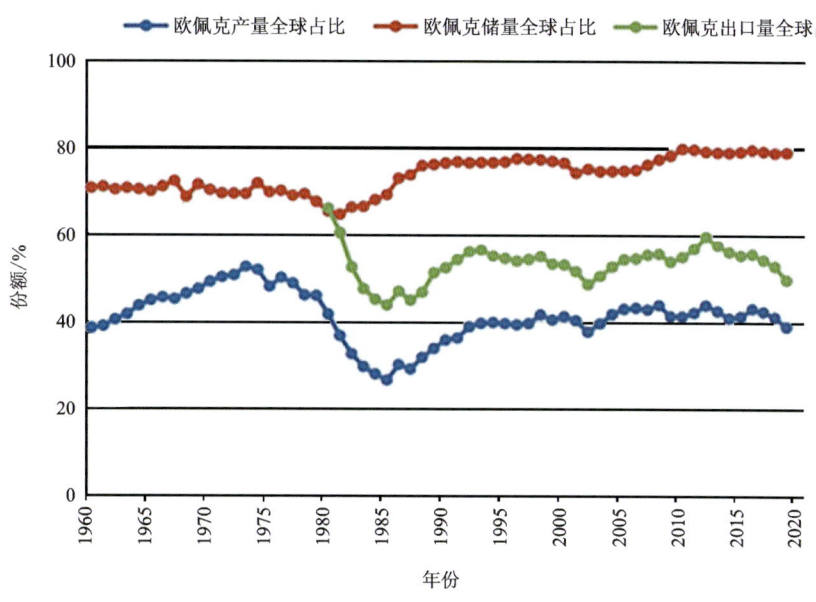

图1-3 1960—2020年欧佩克石油出口量占全球市场份额变化

二、石油危机后出现的新兴能源供应国

在第二次石油危机之后,随着石油勘探技术的不断突破,世界石油的产量和储量不断提升,涌现出不少新兴的石油供应国,且新兴的石油供应国都位于中东波斯湾地区之外。

(一)中亚—里海地区国家

俄罗斯的现代石油工业起源于阿塞拜疆首都巴库,这是一座里海西岸的石油城。石油危机之后,欧佩克国家石油减产,国际油价飙升,苏联国力凭借西伯利亚地区发现的超级油田和当时的高油价达到了鼎盛。苏联解体前,里海是其内海,该地区均属于同一个主权国家,石油、天然气的勘探开发受到统一的政策调配;苏联解体后,里海变成了一个受五国控制的开放的海,中亚—里海地区蕴藏的丰富的石油资源成为各大国猎取的目标。

除俄罗斯外,同样地处中亚—里海地区的阿塞拜疆、土库曼斯坦、乌兹别克斯坦和哈萨克斯坦等国家,在苏联解体之后也和英国石油公司等国际能源巨头开展合作,修建了里海管输系统(Caspian Pipeline Consortium,CPC)、巴杰管输系统(Baku Tbilisi Ceyhan,BTC)和土库曼斯坦—阿富汗-巴基斯坦管输系统(Turkmensitan Afghanistan Pakistan,TAP),使石油产量总体上处于平稳增长态势。尤其是哈萨克斯坦石油年产量逐年攀升,在2019年达到了9100万t。借助国外石油公司的力量,哈萨克斯坦成功打通北上俄罗斯,西通黑海,东至中国的三大石油通道。2021年英国石油公司发布的《世界能源统计年鉴》中的数据显示阿塞拜疆和哈萨克斯坦两国在2020年度分别贡献了世界石油产量的0.8%和2.1%。

(二)美国

在第二次石油危机之后,美国为了补全能源受制这一短板,开始大力发展页岩气、致密油等非常规油气资源。美国的页岩气革命始于20世纪90年代末,经过十多年的发展,美国页岩气干气产量从2000年的0.39万亿立方英尺(1英尺≈0.304 8m)提高到2012年的850万亿立方英尺。页岩气在美国天然气产量中的比例已由2%上升至37%。美国能源业的变化改变了该国经济面貌,并对全球地缘政治关系和能源版图变迁产生深远影响。

随着页岩气革命和石油出口解禁,美国油气行业已经打破了欧佩克与俄罗斯控制和管理全球能源市场的格局,分别在2009年和2017年超过俄罗斯、沙特阿拉伯成为全球第一大天然气生产国和第一大原油生产国。2021年BP公司发布的《世界能源统计年鉴》数据显示,自2017年起美国石油产量已连续四年位居世界第一(图1-4);2008—2015年,美国天然气产量年均增长276亿 m^3。2017年,美国重新成为天然气净出口国,这是一个划时代的变化(图1-5)。

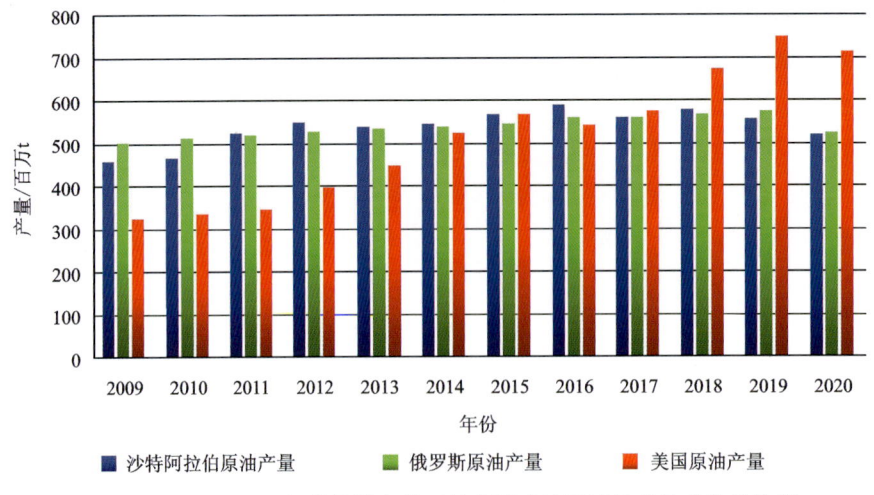

图1-4　2009—2020年世界排名前三的主要产油国原油产量变化对比图

(数据来源:《世界能源统计年鉴》,BP公司,2021)

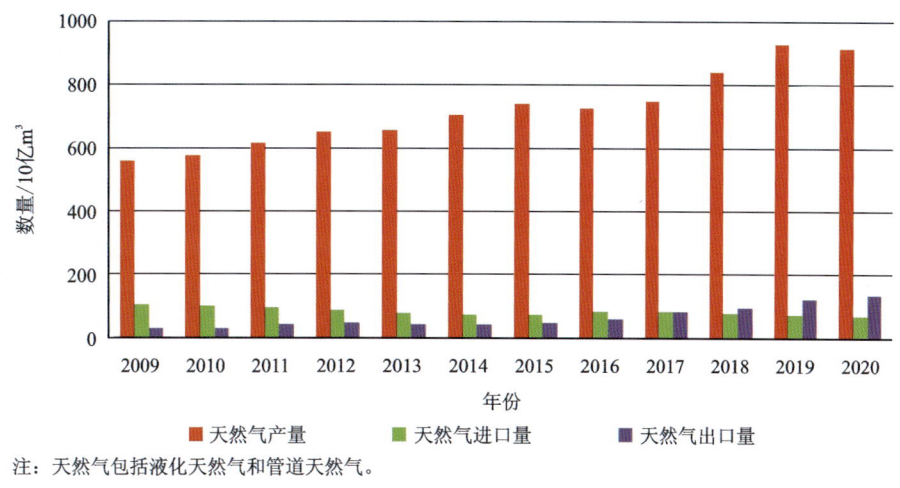

图 1-5　2009—2020 年美国天然气进出口贸易变化对比图
(数据来源:《世界能源统计年鉴》,BP 公司,2021)

(三)加拿大

加拿大拥有丰富的石油资源,预测国内剩余资源量约为 465.6 亿 t,主要来自加拿大西部沉积盆地、阿尔伯达省北部的油砂储藏(图 1-6)和大西洋的海洋油田。其中,油砂资源占总资源量的 90%,其他传统原油仅占 10%。加拿大剩余石油可采储量约为 235.4 亿 t,仅次于委内瑞拉和沙特阿拉伯。其中,98% 的资源是油砂,剩余 2% 为传统石油资源。油砂资源中原位开采资源潜

图 1-6　加拿大油砂

力巨大,其剩余可采储量约为 184.1 亿 t,约占油砂总剩余储量的 80%(Canadian Association of Petroleum Producers,加拿大石油生产商协会,2021)。

总体来说,加拿大是石油消费大国,也是原油净出口国,且原油出口规模呈现持续增长态势,自 2000 年以来年均增长 4.4%。2011 年原油出口规模 1.1 亿 t,2018 年达到 1.9 亿 t(表 1-1)。其中,美国是加拿大的主要出口地,每年加拿大约有 98% 的原油出口到美国。

表 1-1　2009—2020 年加拿大原油进出口量一览表

(数据来源:《世界能源统计年鉴》,BP 公司,2021)　　　　　　　　　　　　　　单位:百万 t

年份	原油进口量	原油出口量	净出口量
2009 年	39.10	96.50	57.40
2010 年	28.87	99.10	70.23

续表 1-1

年份	原油进口量	原油出口量	净出口量
2011 年	26.60	111.70	85.10
2012 年	25.68	121.70	96.02
2013 年	27.61	132.19	104.58
2014 年	29.90	148.63	118.73
2015 年	32.72	159.36	126.64
2016 年	29.24	164.41	135.17
2017 年	31.40	174.70	143.30
2018 年	29.08	190.94	161.86
2019 年	34.80	197.70	162.90
2020 年	27.90	189.30	161.40

注：净出口量＝出口量－进口量。

(四)巴西

近年来,巴西的原油产量持续增长,2006 年巴西实现了原油自给自足。2000—2019 年,巴西的原油产量从 63.2 百万 t 增长到 159.2 百万 t,增幅达 151.9%,增幅居世界第七。在一些年份(如 2002 年、2005 年和 2014 年),巴西原油产量以两位数的惊人速度增长,在全球原油产量中的份额也从原先的 1.7% 增至 3.8%。2000 年,巴西只是世界第十八大产油国,在拉美地区排名第二;2019 年,巴西成为全球第十大产油国,自 2016 年以来巴西已成为拉丁美洲最大的产油国(图 1-7)。

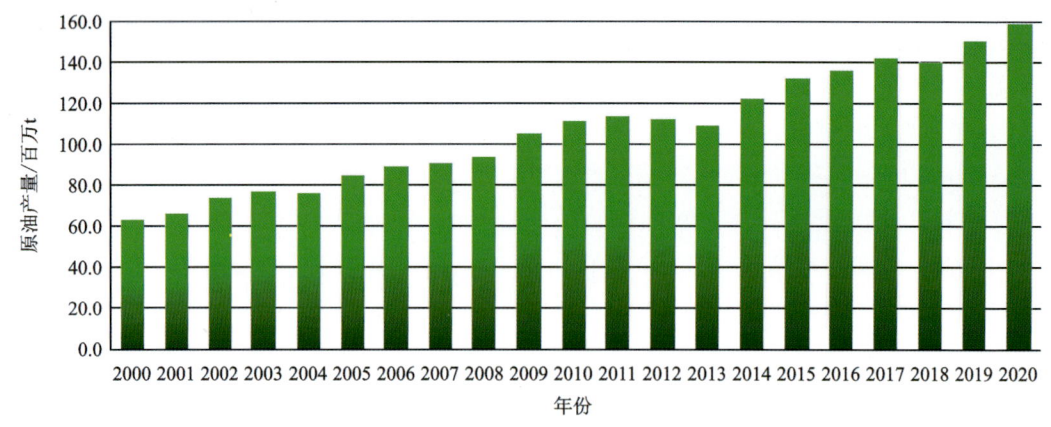

图 1-7　2000—2020 年巴西原油产量变化(数据来源:《世界能源统计年鉴》,BP 公司,2021)

随着石油产量增加,巴西原油出口一直保持上升趋势,2000—2019 年巴西出口原油量从 2 万桶/d 增长到 130 万桶/d,增长了 64%,是全球增长最快的国家之一。从增长率看,巴西原油产量年均增长率仅为4%,原油出口增长率快于产量增长率,使得巴西在全球石油出口中的份额从不到0.1%上升到2.8%。2019年,巴西成为世界第十二大原油出口国,也是拉丁美洲的第一大原油出口国(图1-8)。

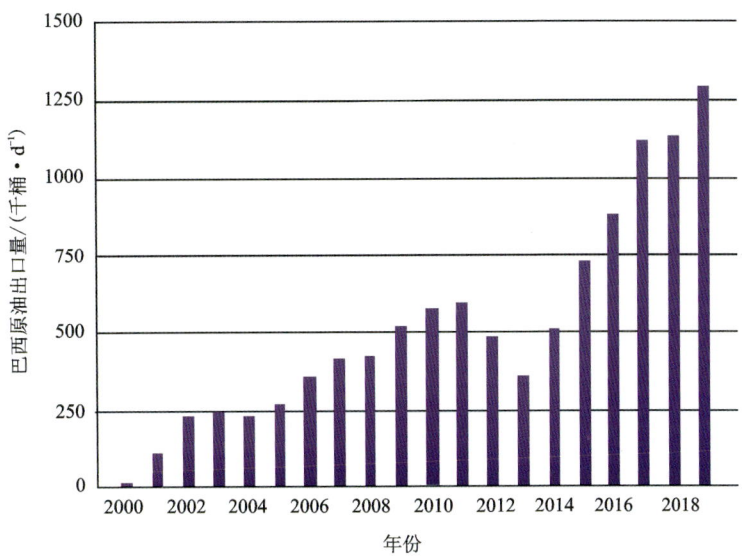

图1-8　2000—2019年巴西原油出口变化(数据来源:欧佩克,2020)

(五)卡塔尔

卡塔尔是一个"油少气多"的国家,据BP公司《世界能源统计年鉴》(2021)的数据,2020年底,卡塔尔石油探明储量为2.6亿t,占世界总量的1.06%,居世界第十四位;天然气探明储量为24.7万亿m^3,占世界总量的13.1%,居世界第三位(仅次于伊朗和俄罗斯)。早在1987年,卡塔尔就开始大力发展天然气工业。由于基础设施完备、生产成本低廉、地理位置优越,卡塔尔一直是世界上最大的液化天然气出口国,据国际天然气联合会(International Gas Union)的统计数据,卡塔尔2016年出口液化天然气7720万t,占全球市场30%的份额。

2018年,卡塔尔天然气产量为1755亿m^3,占世界总产量的4.5%,排在美国、俄罗斯、伊朗、加拿大之后,位居第五位。除了419亿m^3用于国内消费外,卡塔尔将剩余的天然气主要用于出口,2018年的卡塔尔是仅次于俄罗斯排名世界第二的天然气出口国,出口量为1336亿m^3,其中除少量通过管道运输出口到阿拉伯联合酋长国之外,绝大多数加工成为液化天然气用以出口。在全球范围内,卡塔尔的液化天然气出口量排名第一(图1-9)。

卡塔尔出口天然气的长期购销协议价格大都与原油指数挂钩。目前,卡塔尔出口的天然气超过90%都签署了长期购销协议,但是在未来,其他供应国的崛起会挑战卡塔尔的供应地位,其天然气出口难度将增加。

图 1-9 2014—2020 年卡塔尔天然气产量、出口量、消费量变化

(数据来源:《世界能源统计年鉴》,BP 公司,2021)

(六)挪威

挪威的石油时代始于 50 多年前。1969 年,挪威在北海中部的中央地堑区发现埃科菲斯克大油田,继而 1971 年在北部的维京地堑发现布伦特大油田。出产于北大西洋北海布伦特地区的布伦特原油在期货市场上被广泛交易,造就了由伦敦国际石油交易所推出的北海布伦特原油期货合约,成为世界上最重要的三大原油期货合约之一,也成为市场油价的标杆。

据 BP 公司《世界能源统计年鉴》(2021)的数据,在全球原油市场中,2020 年挪威石油产量 9200 万 t,约占全球石油产量的 2%。剩余开采的资源依然丰富,预计未来 50 年挪威的油气开发水平将继续保持高位。挪威是世界第八大石油出口国,石油出口变化趋势与产量的变化趋势一致,石油贸易主要集中在欧洲,如出口到英国(占 36%)、荷兰、法国等。挪威出口量在 2001 年一度达到峰值,大约为 296 万桶/d,此后国内油气行业投资减弱,产量的持续降低影响了出口量,在 2013 年降到 119.8 万桶/d,跌幅 59.5%。

挪威目前是世界第三大天然气出口国,供应着欧盟约 25% 的天然气,主要以管道天然气为主。2020 年,挪威的天然气出口量为 1112 亿 m^3,出口的主要对象为德国(占 28.1%),其次是英国(占 21.7%)、荷兰(占 18.0%)和法国(占 16.5%)。挪威的天然气出口近年来都比较稳定,2018 年出口量最多,为 1209 亿 m^3,相较于 2017 年增幅达 5.1%,这说明欧洲对挪威天然气的需求逐渐加大(图 1-10)。

三、传统能源消费中心

欧洲在"二战"以前一直贫油,能源消耗主体是煤炭,使用比例高达 90%。1947 年美国实

第一章 油气资源 格局演变启迪未来

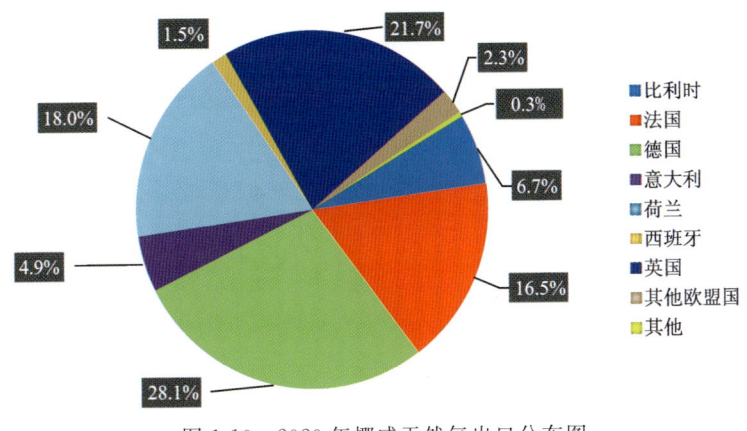

图 1-10 2020 年挪威天然气出口分布图
(数据来源:《世界能源统计年鉴》,BP 公司,2021)

行"欧洲复兴计划"(也称"马歇尔计划"),帮助欧洲复兴,计划援助款中的 20%用于购买石油,而石油的来源则是美国各大石油公司控制的中东地区。在执行"马歇尔计划"以前,欧洲从中东进口的石油占全部进口石油的 43%,仅仅过了 3 年,这一比例就达到 85%。据世界银行《世界发展报告》的统计材料,1960—1973 年西方工业国国内生产总值的年均增长率达 5.1%,远高于"二战"前的水平。而随着西方经济的高速发展,各国对石油的需求量越来越大,石油在一次能源消费构成中所占的比重也越来越大。从 1965 年到 1973 年,西方国家石油消费量年平均增长率达 6.81%,石油在一次能源消费构成中所占的比重也从 40.2%上升到 47.2%。各主要工业国能源消费构成完成了从煤向油的过渡,石油成为主要能源(图 1-11)。

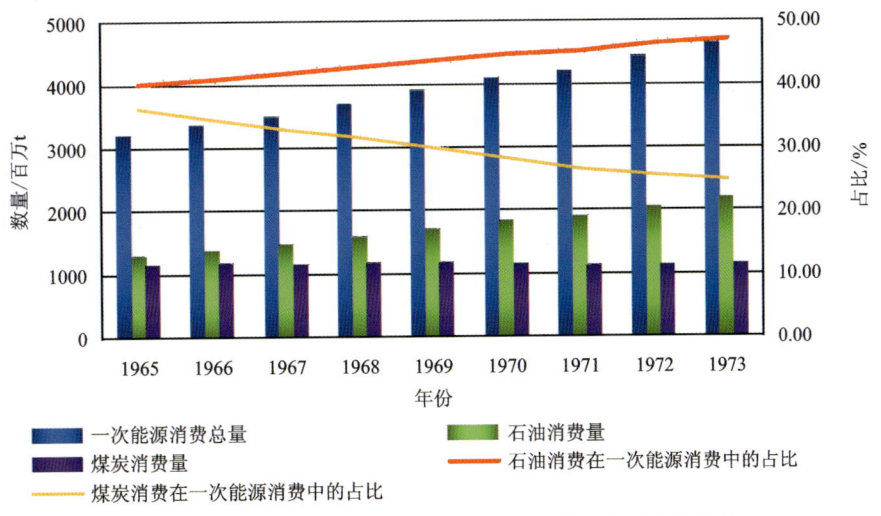

图 1-11 1965—1973 年西方国家石油和煤炭消费量变化图
(数据来源:《世界能源统计年鉴》,BP 公司,1973)

三次石油危机的出现改变了世界经济发展的趋势,以欧洲具有代表性的国家,如德国、法国、英国和意大利,1973—1975 年两年间石油消费总量下降了 19.5%。20 世纪 80 年代以来,经过长期积累而成熟起来的节油和替代措施初显成效,欧洲出现了总体性的石油消费量降低。20世纪90年代后期,特别是进入21世纪以来,经济的持续快速发展使欧洲石油消费总量由缓慢下降转为缓慢上升(图1-12)。

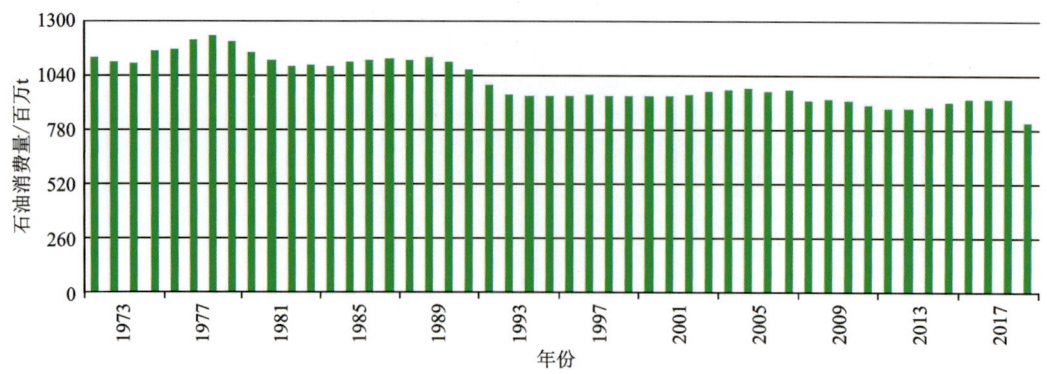

图1-12　1973—2020年欧洲石油消费量变化图(数据来源:《世界能源统计年鉴》,BP公司,2021)

四、新兴能源消费中心

进入21世纪以来,世界资源的需求和消费增长重心正在向新兴经济体和其他发展中国家转移。20世纪70年代前,占世界人口20%的发达国家消费能源量占世界能源总消费量的2/3,而广大的发展中国家仅占1/3。但在过去十年间,北美和欧洲石油消费呈下降趋势,分别年均下降0.6%和1%;亚太地区则呈增长趋势,年均增长达2.8%。2008年非经济合作与发展组织国家能源消费量第一次超过经济合作与发展组织国家,特别是中国与印度,贡献了超过一半的能源消费增长量。

世界石油贸易重心东移的趋势已经形成,全球石油需求增长的70%来自中国、韩国、印度等国,这些国家原油进口量的50%~70%源自"OPEC+"。2021年BP公司公布的《世界能源统计年鉴》数据显示(表1-2),仅中、美两国的石油消耗量就超过了世界石油消耗量的1/3。但是美国近十年的石油消耗增速缓慢,已有见顶的趋势;我国的石油消耗依然保持着增长态势,但增长速度已经放缓。

表1-2　2020年世界石油消耗量排名前十的国家

国家	石油消耗量世界占比/%	2009—2019年消耗量增速/%
美国	19.4	0.8
中国	16.1	5.4
印度	5.3	4.8
沙特阿拉伯	4.0	2.6
俄罗斯	3.7	2.0
日本	3.7	−1.7

续表 1-2

国家	石油消耗量世界占比/%	2009—2019年消耗量增速/%
韩国	2.9	1.8
加拿大	2.6	1.1
巴西	2.6	1.6
德国	2.3	−0.3

中国的经济自20世纪90年代以来呈快速增长态势,伴随着能源的需求也不断扩大。1990年,中国原油进口量仅为292万t,2000年增至7027万t,2004年达到1.23亿t,2005年达1.27亿t,2017年超过美国,进口原油4.2亿t,成为世界第一大原油进口国、第二大原油消费国。天然气方面,2017年中国产量为1487亿m^3,进口量为920亿m^3,同比增长27.6%;消费量为2373亿m^3,同比增长15.3%。

印度是亚太地区第二、世界第三的石油消费大国,同时印度也是全球第四大石油进口国。印度的石油供需矛盾突出,消费量远远大于产量,而且随着印度的运输行业和工业部门的不断发展,印度石油对外依存度不断攀升,其消耗增速惊人,2019年印度的石油需求量达到了514.5万桶/d的峰值,相对于2009年增加了156.1%,产量仅为83万桶/d,进口量达到了539.5万桶/d。虽然2020年新型冠状病毒感染疫情导致石油的需求量下降9.3%,为466.9万桶/d,但是印度进口量仍然保持在500万桶/d以上(图1-13)。

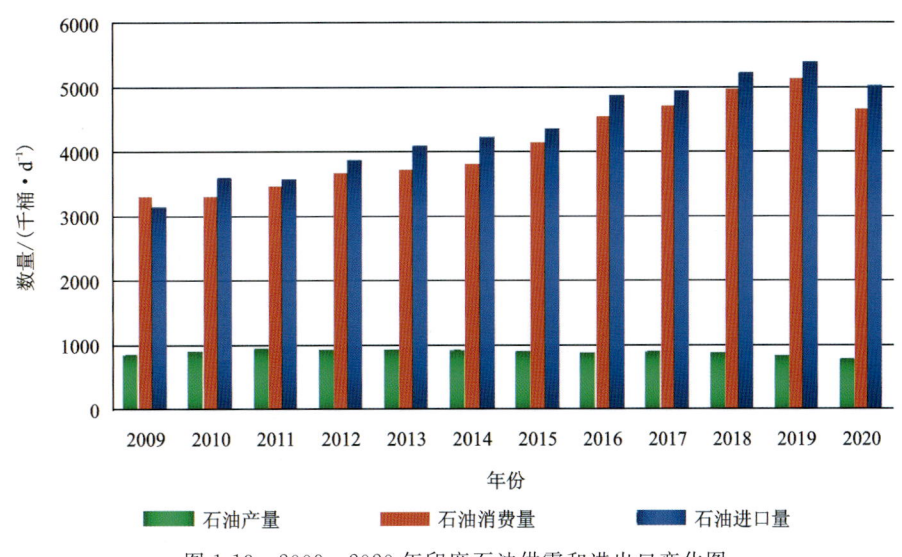

图1-13 2009—2020年印度石油供需和进出口变化图

(数据来源:《世界能源统计年鉴》,BP公司,2021)

作为"OPEC+"最有影响力的两个国家,俄罗斯和沙特阿拉伯近十年的石油消耗量不断攀升,有借助本国资源大力发展本国工业的趋势,未来也有可能成为世界上重要的能源消费国之一。

五、国际能源供需现状

(一)供应端

受储层和技术的影响,世界主要产油国之间的生产成本差异较大。其中欧佩克国家原油生产成本较低,如沙特阿拉伯仅为 10.8 美元/桶(约 79.4 美元/t)。在非欧佩克国家中,俄罗斯的原油生产成本为 17.3 美元/桶(约 127.2 美元/t),美国常规原油生产成本为 38.3 美元/桶(约 281.5 美元/t,图 1-14),而页岩油生产成本为 46 美元/桶(约 338.1 美元/t)。页岩油革命以来,美国致力于页岩油开采技术的提升,目前页岩油的生产成本在不断降低,美国的页岩油生产成本基本上可以作为国际石油价格均衡点的下限。如果国际油价大幅高于美国页岩油成本价,美国页岩油生产商会全力开采石油以供应市场,在美国世界第一的巨大产能冲击下,国际原油价格短期内就会"降温"。而"OPEC+"国家的限产保价协议较合适的做法就是控制国际油价不要大幅高于美国页岩油的生产成本,在保护油价的同时保护自己的市场份额。

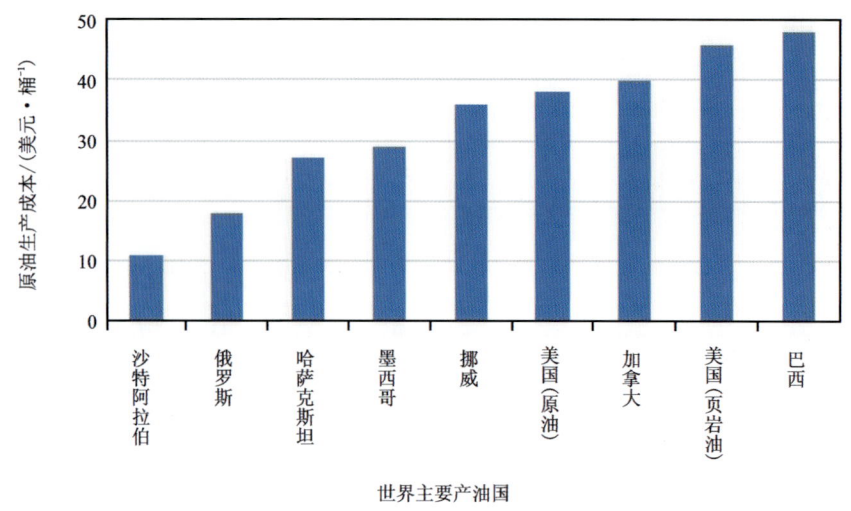

图 1-14 世界主要产油国原油生产成本对比图

由于勘探水平的提高,原油供应国的数量及其储量都在大幅提高,而且国际社会对于保护环境的呼声越来越强烈,各类清洁能源会加速替代原油的使用,原油的需求增速会进一步放缓,未来的国际油价可能会由供应端定价的模式转变为需求端定价的模式。

(二)需求端

根据发达国家的经验,当经济发展到一定水平后,原油的消费便会达到峰值。根据 BP 公司历年的统计数据,主要的发达国家原油消费水平都在逐年下降,2019 年美国的原油消费增速为 -0.1%,法国的原油消费增速为 -0.5%,意大利的原油消费增速为 -4.6%,英国的原油消费增速为 -2.5%,日本和韩国的原油消费增速分别为 -1.1% 和 -0.8%,可以看出这些发达国家的原油消费量都是负增长,且欧洲发达国家的消费量下滑较为明显。

当前以金砖国家为代表的新兴工业化国家对原油的需求处于较高水平。2019年,中国、俄罗斯、印度、巴西和南非的原油消费量增速分别为5.1%、1.1%、3.1%、0.9%和2.3%。作为目前最大原油消费国,中国预计于2025—2030年达到原油消费量峰值,未来原油需求端的增长潜力有限。从全球整体原油消费水平来看,当前发达国家原油消费量的萎缩与新兴工业化国家的消费增量基本持平,未来世界原油总需求量会在短期内见顶后再逐年下滑。

第二节　能源结构调整趋势

一、"双碳"背景

(一)碳中和目标的提出

人类社会进入工业化以来,化石燃料消耗急剧增加,使得二氧化碳浓度不断增加,地球碳循环平衡被破坏。二氧化碳排放量不断增加,导致全球面临气温升高、冰川融化、海平面上升等诸多环境问题,人类赖以生存的环境受到前所未有的威胁与挑战。

根据牛津大学公布的数据,从1750年至今,全球二氧化碳排放集中在美国、欧盟、中国、俄罗斯等少数几个国家和组织。美国历史累计二氧化碳排放量最高,达4102亿t,占全球的24.5%;欧盟次之,为2807亿t,占17.1%;中国排名全球第三,为2200亿t,约是美国的一半,占13.6%;其后依次是俄罗斯(1139亿t,占6.8%)、日本(646亿t,占3.9%)、印度(519亿t,占3.2%)(图1-17)。

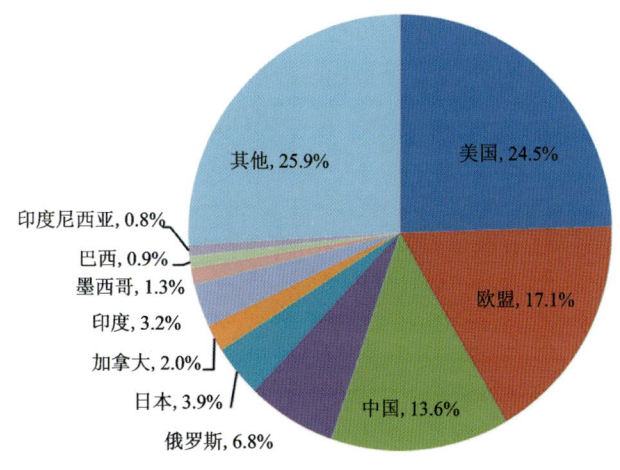

图1-17　全球各国二氧化碳累计排放占比图

按当前的碳排放强度，预计2050年全球气温将至少升高1.5℃。为应对全球气候变化，2018年10月联合国政府间气候变化专门委员会（Intergovernmental Panel on Climate Change，IPCC）提出碳中和目标，即到21世纪末将全球气温升高幅度控制在1.5℃之内。

（二）国际主要能源政策变化

1.《巴黎协定》的签署与世界各国减排目标

为应对全球气候变化，《联合国气候变化框架公约》近200个缔约方于2015年12月12日在巴黎气候变化大会上通过《巴黎协定》，并于2016年4月22日在纽约正式签署，该协定为2020年后全球应对气候变化行动做出安排。《巴黎协定》长期目标是将全球平均气温较前工业化时期上升幅度控制在2℃以内，并努力将温度上升幅度限制在1.5℃以内。《巴黎协定》明确了全球共同追求的温度控制硬指标，设定了"温度控制、碳排减缓、资金投入"等治理目标，为碳排放权交易体系未来发展提供了制度基础。

《巴黎协定》的通过标志着全球气候治理进入碳达峰、碳中和加速转型阶段。据经济合作与发展组织统计数据，1990年、2000年、2010年和2020年碳排放达峰国家的数量分别为18个、31个、50个和54个（图1-18）。

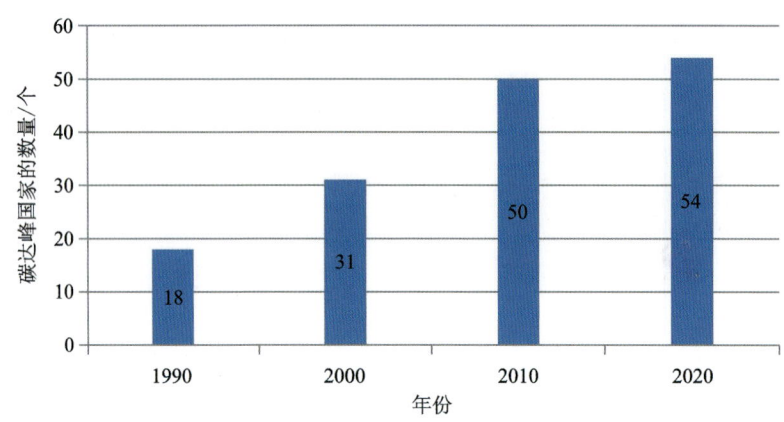

图1-18 全球已实现碳达峰国家数量变化情况图

截至2020年，排名前十五位的碳排放国家中，美国、俄罗斯、日本、巴西、印度尼西亚、德国、加拿大、韩国、英国和法国已经实现碳达峰。中国、马绍尔群岛、墨西哥、新加坡等国家承诺在2030年以前实现碳达峰。

据统计，截至2021年底，全球共有147个国家和地区正式承诺了碳中和目标，包括已经实现碳中和目标的2个，其中英国2019年6月27日新修订的《气候变化法案》生效，成为第一个通过立法形式明确2050年实现温室气体净零排放的发达国家。

2. 欧盟在碳中和进程中处于世界领先地位

欧洲碳中和进程起步早、进步快，大部分国家已经设立了碳中和目标。碳中和发展指数综合排名前十的国家全部为西欧国家，它们在气候治理上发挥了先驱者的作用。

2020年,欧盟27国领导人在布鲁塞尔举行的峰会上就更高的减排目标达成一致意见,决定到2030年欧盟温室气体排放量要比1990年减少至少55%,到2050年实现碳中和。欧盟成员国将通过利用清洁能源、发展循环经济、抑制气候变化、恢复生物多样性、减少污染等措施提高资源利用效率,实现经济可持续发展。

二、主要能源国能源结构调整趋势

(一)美国能源政策发生巨大变化

自拜登上任美国总统后,大力开发以风电和光伏为代表的清洁能源发电,加速能源转型进程,引领美国从"油气资源独立"迈向"清洁能源独立",振兴美国产业、拉动经济、创造就业,并以能源气候外交重塑其在全球的领导力。

化石能源政策方面:一是实施更加严格的油气开发政策,包括取消加拿大到美国的石油管道许可,禁止在公共土地和水域(包括北极国家野生动物保护区)上获得新的石油与天然气开采许可,决定修订汽车燃油经济性和排放标准、甲烷排放标准以及家电和建筑能效标准;二是停止为煤电海外投资融资,大幅减少海外私人投资公司、进出口银行和美国国际开发金融公司的碳足迹,禁止这些机构为燃煤电厂融资;三是停止化石能源补贴,从2022年起联邦政府预算不再列支相应科目。

清洁能源政策方面:一是加大清洁能源项目投资与开发,到2025年将光伏装机容量增加一倍,到2030年将海上风电装机容量增加一倍;二是大力支持电动汽车发展,规定联邦政府每年有5000亿美元预算支出,所采购的设备要更加依赖清洁能源,并且政府车队全部采购和使用清洁且零排放的车辆,2030年前建设50万个公共充电网点,确保美国实现100%的清洁能源经济;三是支持清洁能源技术创新,在能源部设立高级气候研究项目机构,未来10年投资4000亿美元,专门推动大规模电网侧储能、小型模块化核反应堆、可再生能源制氢、碳捕捉与封存等关键技术研发。

(二)俄罗斯谋求向低碳经济的平稳过渡

作为全球主要油气生产国,俄罗斯的目标是"在实践中完成向经济碳中和过渡"。俄罗斯目前正积极开展工作,为低碳经济过渡创造条件,包括制定经济脱碳路线图、起草新的环境战略等。

俄罗斯经济脱碳路线图草案,重视地方经济技术更新和基础设施完善,鼓励地方政府与商业机构增加低碳能源比重,并考虑进一步强化俄罗斯森林的碳吸收能力,同时还希望推动与各国和地区进行对话和磋商,以共同寻求应对气候变化危机的措施和方案。

新的环境战略草案则以减排为主要目标,旨在通过更强有力的措施来减少温室气体排放。俄罗斯报道,该战略有待俄罗斯内阁批准,目标是到2030年实现碳达峰,到2050年将二氧化碳排放量较2019年减少79%,以期2060年实现碳中和。

俄罗斯将有计划地减缓石油和天然气出口,同时将具有更高附加值的产品纳入其中,使得其生产的碳氢化合物更具竞争力,本国电力行业则将通过制定更积极、更翔实的措施,向气电、核电、水电、太阳能和风能发电转移。

(三)我国能源政策变化

2020年9月22日中华人民共和国主席习近平在第七十五届联合国大会一般性辩论上的讲话指出,中国将提高国家自主贡献力度,采取更加有力的政策和措施,二氧化碳排放力争于2030年前达到峰值,努力争取2060年前实现碳中和。

2021年9月22日《中共中央 国务院关于完整准确全面贯彻新发展理念做好碳达峰碳中和工作的意见》中提出:加快构建清洁低碳安全高效能源体系,严格控制化石能源消费。加快煤炭减量步伐,"十四五"时期严控煤炭消费增长,"十五五"时期逐步减少。统筹煤电发展和保供调峰,严控煤电装机规模,加快现役煤电机组节能升级和灵活性改造。逐步减少直至禁止煤炭散烧。加快推进页岩气、煤层气、致密油气等非常规油气资源规模化开发。实施可再生能源替代行动,大力发展风能、太阳能、生物质能、海洋能、地热能等,不断提高非化石能源消费比重。

2021年10月26日,国务院关于印发《2030年前碳达峰行动方案》。该方案的主要目标是在"十四五"期间,产业结构和能源结构调整优化要有明显进展,重点行业能源利用效率大幅提升,煤炭消费增长得到严格控制,新型电力系统加快构建,绿色低碳技术研发和推广应用取得新进展,绿色生产生活方式得到普遍推行,有利于绿色低碳循环发展的政策体系进一步完善。到2025年,非化石能源消费比重达到20%左右,单位国内生产总值能源消耗比2020年下降13.5%,单位国内生产总值二氧化碳排放比2020年下降18%,为实现碳达峰奠定坚实基础。到2030年,非化石能源消费比重达到25%左右,单位国内生产总值二氧化碳排放比2005年下降65%以上,顺利实现2030年前碳达峰目标。

2021年10月29日国家发展和改革委员会、生态环境部、工业和信息化部等部门在发布《"十四五"全国清洁生产推行方案》中要求加快燃料原材料清洁替代。加大清洁能源推广应用,提高工业领域非化石能源利用比重。对以煤炭、石油焦、重油、渣油、兰炭等为燃料的工业炉窑、自备燃煤电厂及燃煤锅炉,积极推进清洁低碳能源、工业余热等替代。石化化工行业,开展高效催化、过程强化、高效精馏等工艺技术改造,实施绿氢炼化、二氧化碳耦合制甲醇等降碳工程。

从国家出台的一系列新政策中不难看出,政府在不断推进传统化石能源在安全稳定的供应中平稳过渡到清洁能源。在接下来的两个五年计划中的工作重点是完善绿色低碳循环发展政策体系,提高重点行业的能源利用率,推动绿色低碳技术取得关键突破,降低化石能源在工业领域中的利用比重,实现2030年前的碳达峰目标。

第三节 对国内油气产业的启示及建议

2020年4月邹才能院士等提出中国构建新型绿色能源独立"三步走"战略。第一步（2020—2035年）实施"洁煤稳油增气、大力提高新能源"的路径，实现"供给安全"；第二步（2035—2050年）实施"降煤炭、稳油气、增新能源"的路径，依靠"国内生产＋海外权益"模式实现"生产自主"；第三步（2050年之后）实施"氢能社会、新能源主导、颠覆性技术实现"的路径，依靠"新能源＋智能源"力争实现"能源独立"。"三步走"战略预计我国能源消费到2030年达到峰值，即为44亿t油当量，到2035年、2050年、2100年分别降至40亿t油当量、36亿t油当量、30亿t油当量，其中煤炭、石油及天然气占比降低，新能源占比提高，以能源驱动经济发展的形式将逐步向科技驱动经济发展的形式转变。

一、减煤稳油增气

2021年9月22日《中共中央 国务院关于完整准确全面贯彻新发展理念做好碳达峰碳中和工作的意见》中提出：加快构建清洁低碳安全高效能源体系。严格控制化石能源消费。加快煤炭减量步伐，"十四五"时期严控煤炭消费增长，"十五五"时期逐步减少。

2021年1月15日，中国石油和化学工业联合会发布《石油和化学工业"十四五"发展指南》，明确提出："十四五"期间增强石油天然气保障能力的多方面要求。一是守住油气产量底线，提升供应保障能力。实现石油产量稳中有进，保持天然气产量稳步提升，保持"十四五"期间油气储量稳定增长，到2025年国内原油年产量保持在2亿t左右，国产天然气力争超过2200亿m^3/a。结合"一带一路"倡议，提升海外油气资源获取能力。二是加快基础设施建设，提高能源安全保障水平。到2025年，管道总里程数增加25％以上，输气能力增加25％以上，液化天然气（Liquefied Natural Gas，LNG）接收站能力达到1.5亿t/a，大幅增加国内地下储气库。三是提升油气行业发展质量，推动行业融合发展。四是推动能源结构优化，加快能源转型步伐。

二、完善石油期货交易体制

原油期货通常指原油期货合约。原油期货合约是指由交易所统一制定的、规定在将来某一特定的时间和地点交割一定数量标的物的标准化合约。相比现货交易、远期交易来说，原

油期货更具有规避风险和规范投机行为的功能,近10年它基本左右了国际原油价格。

2018年3月26日上海期货交易所子公司上海国际能源交易中心正式挂牌交易,期货报价(到岸价)与结算单位为元/桶。上海国际能源交易中心原油期货交割方式是实物交割,交割地点为我国东南沿海保税油库(包括舟山、青岛、大连等油库)。

有关资料显示,国际原油期货交易量的70%不是需求端的实际交易,到交割日大量的投资者都是选择移仓换月或者被迫平仓。上海期货交易市场采取了设置涨跌停板制度限制了单日涨跌幅度,抑制了风险;合理实物仓单交割制度引导期货价格回归现货价格,通过能源交易中心自建交割库容保证买家不需自建储备库;限制没有交割资格的个人投资者进入最后交易日;降低保证金以提高投资者资金的利用率。完善原油期货交易机制以进行原油储备,有助于保证我国原油进口价格的合理、稳定,有助于保证国家能源安全,为国民经济正常运行保驾护航。

三、保障石油运输通道安全

我国当前进口石油的主要运输方式是海运和铁路。我国的石油海运路线比较单一。对于我国乃至整个东亚地区的石油安全而言,马六甲海峡的地位尤其特殊,我国85%左右的进口石油都要途经马六甲海峡。处理好能源过境国的双边关系、降低对马六甲海峡的依赖成为我国对外能源合作的重点之一。

四、加强国际能源合作

2021年我国石油和天然气对外依存度分别为71.6%和45.3%。高速的国内能源增长需求需要我国加强与能源供应国之间的能源经济合作。国家新战略的提出为我国能源合作提供了新思路和新支撑。习近平总书记于2013年9月和10月分别提出了建设"新丝绸之路经济带"和共建"21世纪海上丝绸之路"的合作倡议,自倡议提出以来,已经有100多个国家和国际组织参与其中。目前,我国已与俄罗斯、沙特阿拉伯、安哥拉、巴西等国家广泛开展能源合作,通过长期以来积累的深度互信,进一步加强和拓展石油、天然气等传统能源领域合作,保障我国能源供应安全。

五、加快天然气供应保障体系建设

近10年我国天然气消耗量大增,2020年天然气消耗量3300亿 m^3,占世界总消耗量的8.6%,增速13.1%,是世界上天然气消耗增速最快的国家。当前世界天然气价格体系受区域的影响较严重,我国所处的亚太地区是世界三大天然气消费区价格最高的地方,是同时期北美天然气价格的3~5倍。我国作为全球第一大天然气进口国和第二大LNG进口国,加强国家的天然气供应保障体系建设是当前急需考虑的问题。目前我国已和中亚—里海地区的国家就合作建设天然气输送管道达成多项协议,并与多个国家签订 LNG 长期合作合同,围绕国内主要天然气消费区域和进口通道,加快区域地下储气库建设、LNG 储气设施建设、沿海 LNG 接收站建设等。我国也可依托国内市场规模和运输通道地位,联合亚洲天然气供给国和消费国,打造亚洲区域性天然气贸易中心,在解决天然气"亚洲溢价"困境的同时推进"天然气人民币"战略。

六、推动国际能源交易人民币结算

石油天然气人民币是指在国际石油和天然气贸易中,交易双方使用人民币作为结算货币,进而推动人民币成为国际货币,在计价货币、储备货币、投融资货币等方面发挥作用。它包含两个层面:一是通过人民币在石油和天然气勘探开发投资、生产和贸易中大规模使用,推动在全球石油天然气市场上实行人民币计价和结算;二是通过国际石油和天然气贸易使境外企业和个人获得并持有人民币,未来石油天然气资源国可通过使用人民币进口中国的一般产品及购买中国金融产品,使人民币得以回流中国,形成人民币的跨国流动循环,由此可建立石油天然气人民币体系。我国的石油和天然气进口量逐年增长,油气资源消费量在国际市场上占据重要地位,这为我国建立石油天然气人民币体系、争取石油天然气的定价权和实现人民币计价与结算提供了较好的机遇。人民币在石油天然气国际贸易中的计价和结算方式的扩大,将进一步影响我国一般货物贸易和服务贸易,可以大力促进我国经济发展。

"南海油气"系列

第二章

油气工业　全球经济晴雨表征

第二章　油气工业　全球经济晴雨表证

世界油气工业起步于1859年,随着理论的认识和科技的不断进步与创新,油气工业已经快速发展成为全球性的产业之一。尤其是进入21世纪后,世界的油气工业更是进入一个以全球化、高油价、多风险、强竞争、注重可持续发展、进一步升级换代为主要特征的历史发展新时期,而且油气资源国的经济强权很大程度上可以左右世界的格局。目前,全球突显出"俄罗斯—中东—中亚"以常规油气为主、美洲以非常规油气为主的两大油气生产版图。页岩油革命的成功使美国油气产量位居世界第一,也使美国成为影响国际油价市场的主要力量。从消费端来看,中国和印度等新兴经济体成为全球石油天然气消费增长主导力量,石油需求重心向东转移,全球买方市场的特点更加突出。总体来讲,目前世界油气工业已初步形成北美、欧洲、亚太、中东四分天下的新格局。

第一节　近年来世界油气工业变化

一、2018年世界油气工业概况

2018年,全球经济风起云涌,是2008年金融危机后形势最为动荡的一年,但对世界石化行业影响甚微,全球原油日均产量首次突破1460万t,其中三大核心产油国美国、沙特阿拉伯、俄罗斯控制着全球超过1/3的供给;全球炼油产能增加1.4%,达到1461.8万t/d,乙烯产能增加5.3%,达到1.78亿t/a,进入新一轮投产集中期,美国及欧洲、亚太地区复杂性炼厂毛利相较于往年有大幅度的提升,并且随着石化产能的增加,世界石化工业进入景气高峰期。相比2017年,2018年以上地区炼厂原油加工量增长了14万t/d,然而炼厂平均开工率继续攀升,达到2007年来的最高水平(图2-1)。

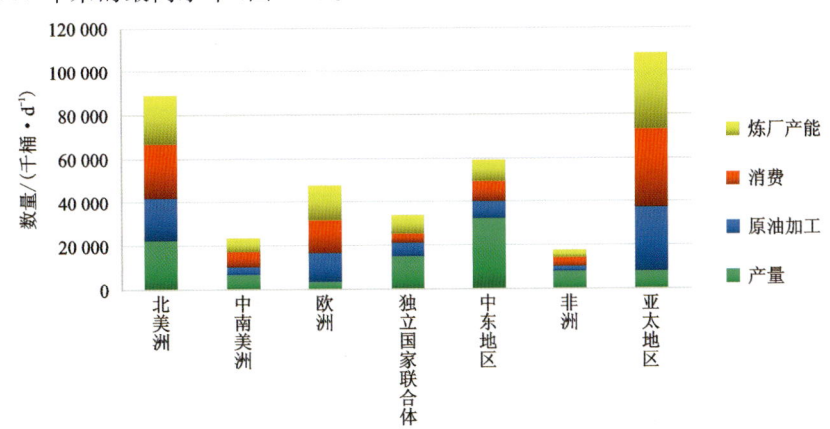

图2-1　2018年世界石油工业结构(数据来源:《世界能源统计年鉴》,BP公司,2021)

2018年,全球天然气产量为38 679亿 m³,相较于上一年增长5.2%,其中,美国贡献了21.5%的产量(8318亿 m³),其天然气产量增长均打破了单一国家的历史最高年产量增长纪录(图2-2);跨区域天然气贸易为9434亿 m³(管道天然气贸易5124亿 m³,液化天然气贸易4310亿 m³),增速达4.3%,超过过去10年平均年增速的两倍,其中主要原因是液化天然气的持续快速扩张,其次是亚洲推动了大部分液化天然气进口的增长。

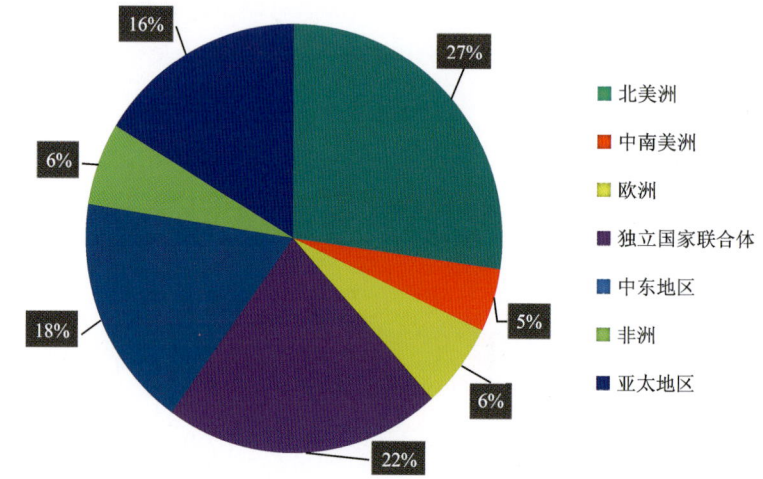

图 2-2　2018年天然气生产占比图(数据来源:《世界能源统计年鉴》,BP 公司,2021)

二、2019年世界油气工业概况

2019年,全球石油总产量为1 389.8万 t/d,相较于2018年略微下降0.1%,虽然以美国为首的石油产量强劲增长(相较于2018年增长11%),但是由于"OPEC+"减产协议的修订,被欧佩克急剧下降的原油减产量所抵消(相较于2018年下降5.3%),其中伊朗和委内瑞拉下降的幅度最大,分别为26.4%和37.7%。

2019年,世界新建和扩建炼油厂项目集中投产,世界炼油厂总数达到660座,主要集中在北美、亚太、欧洲和中东地区,全球炼油厂总产能首次突破1 360.5万 t/d,达到了1 378.8万 t/d,相较于2018年增加了1.5%,这是自1970年以来新增炼能最多的一年。其中,中国炼油能力增长继续保持领先(为220.3万 t/d,增幅3.5%),其次是美国(为258.1万 t/d,增幅1.1%)。但是,由于2019年世界经济不景气,油品需求疲软、炼油业利润下降(这是自2009年金融危机以来的首次下降,主要是因为美国对委内瑞拉和伊朗实施制裁等,使原油贸易发生变化)等,世界原油加工量并未随着炼油能力的增加而增加,与2018年保持相对不变,为1 129.1万 t/d(图2-3)。国际海事组织在2020年对全球范围内船舶燃料油的硫磺规格作出新的规定,含硫量从3.5%降至0.5%,这给世界船用油市场带来巨大变革,提高了船用柴油的需求,降低了对高硫燃料油的需求。在未来,炼油厂开始对炼化工艺进行调整,亚洲和欧洲的炼油厂集中在提高渣油加工能力方面,致力于生产符合规定的低硫船用燃料油。

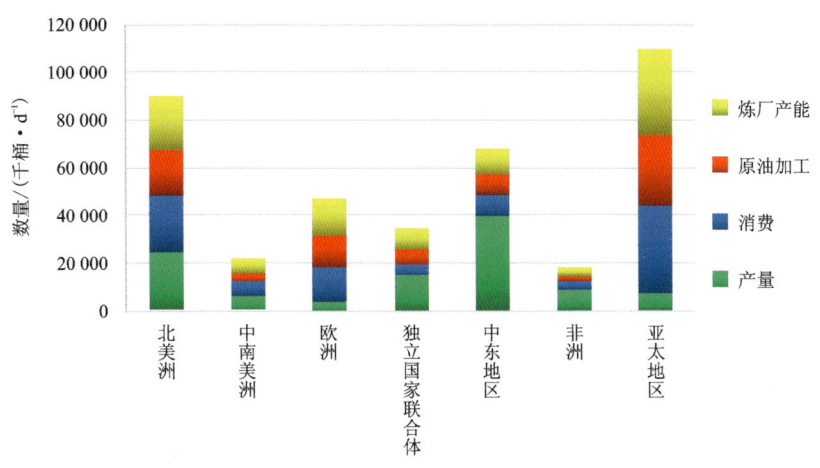

图 2-3　2019 年世界石油工业结构（数据来源：《世界能源统计年鉴》，BP 公司，2021）

2019 年，全球天然气产量为 39 893 亿 m^3，其中美国和俄罗斯是主要的产气大国，占全球天然气总产量的 49%（图 2-4），相比 2018 年增长了 3.4%，极大地满足了液化天然气的需求。2019 年，液化天然气出口量为 4851 亿 m^3，相比 2018 年增长了 540 亿 m^3，增幅达 12.7%，这是有史以来最大的年度增幅。在液化天然气进口方面，几乎所有增加的供应都流向欧洲（进口增加 485 亿 m^3，增幅达到 68%，占全球总进口增量的 89.8%），过剩的供应导致欧洲的天然气价格跌至 2004 年以来的最低水平。相比之下，全球管道天然气贸易较 2018 年减少 90 亿 m^3，下降了 17%。

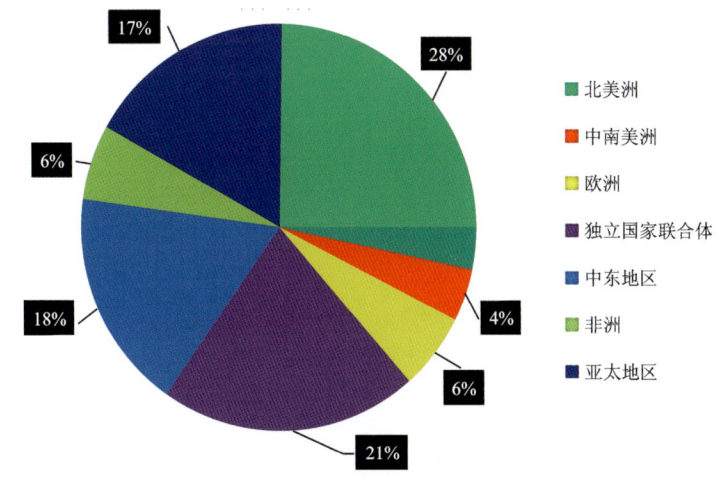

图2-4　2019 年全球天然气产量占比图（数据来源：《世界能源统计年鉴》，BP 公司，2021）

三、2020 年世界油气工业概况

2020 年是特殊的一年，将永远被人们铭记。突如其来的新型冠状病毒感染疫情、特朗普政府极端的"逆全球化"霸凌主义行径，严重搅乱了人类社会秩序，全球治理体系遭到很大的破坏,世界经济陷入自"二战"结束以来最严重的衰退,全球的能源市场遭到剧烈冲击,同时也极大地影响了油气工业,其受到的重创可能会持续数年。

2020年,全球石油日产量为1 202.6万t,比上一年减少了89.8万t,跌幅为6.9%。减少的产量中有2/3是由石油输出国造成的,其中利比亚和沙特阿拉伯是欧佩克减产幅度最大的国家,而俄罗斯和美国是非欧佩克减产幅度最大的国家;新型冠状病毒感染疫情使世界各地实施封锁,导致各国与运输相关的石油需求出现负增长(其中美国、欧盟和印度的石油需求降幅最大;不包括中国,当年中国是全球唯一一个消费量"逆流而上"的国家,每日增量约3.0万t,增幅1.6%)。

与此同时,2020年在物流封锁和经济下滑的综合作用下,部分生产井被迫关闭,大量的石化产能建设计划推迟,造成石油进出口贸易下降7.5%,原油加工量(1 027.4万t/d)减少101.3万t/d,跌幅9%,而炼化产能(1 387.0万t/d)与上一年相比有小幅度增长,增幅0.2%(图2-5)。

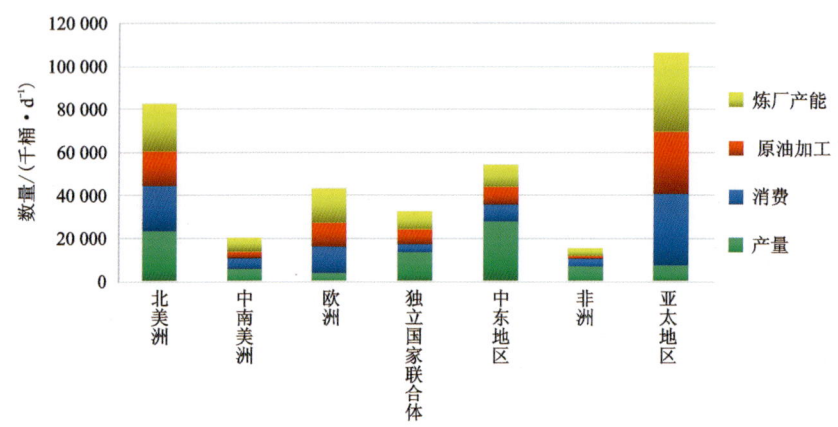

图2-5 2020年世界石油工业结构(数据来源:《世界能源统计年鉴》,BP公司,2021)

天然气相较石油表现出更强的适应能力,生产以及进出口贸易总体的下降幅度都小于石油(图2-6)。2020年全球天然气产量为38 537亿m³,比2019年下降3.3%,进出口贸易下降了5.3%。

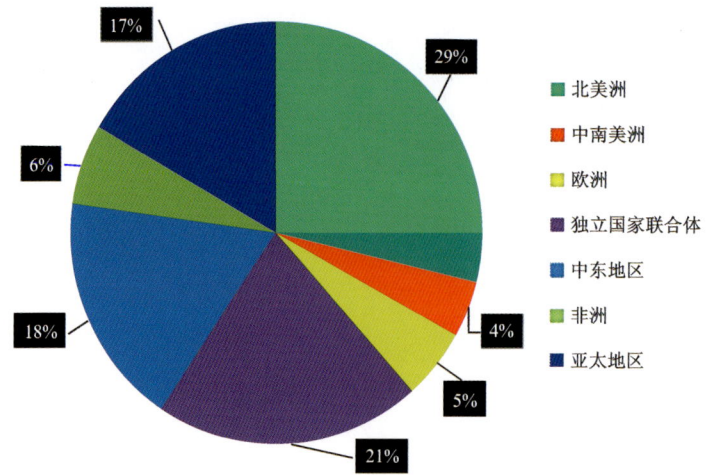

图2-6 2020年全球天然气产量占比图(数据来源:《世界能源统计年鉴》,BP公司,2021)

四、2021年世界油气工业概况

2021年新型冠状病毒感染疫情仍然流行，但是总体来说，这是油气市场走出价格低谷的一年。据美国《油气杂志》发布的《2021年全球油气储量报告》中的数据，在油气价格大幅回升的驱动下（10月初，布伦特原油期货价格首次突破每桶80美元，每吨约588美元），2021年全球石油产量温和反弹，产量约44.23亿t，同比增长1.3%。其中"OPEC+"贡献最大，产量为15.41亿t，较2020年增长2.3%，在全球产量中占比提升至34.9%，西欧地区产量有所下滑，整体产量降低1.8%，非洲地区产量明显恢复，同比增长6.9%。

与此同时，世界炼油行业景气度显著回升（图2-7），炼厂平均开工率走出低谷，但是因为油价持续高位，全球炼化行业的平稳运行受到冲击，部分企业出现阶段性经营亏损。

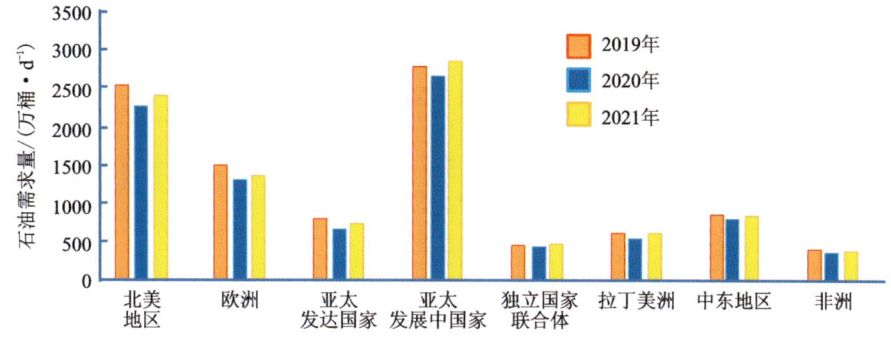

图2-7　2019—2021年世界石油需求变化（数据来源：《2021年国内外油气行业发展报告》）

2021年，全球天然气市场出现重大变化，受碳中和背景下能源持续转型以及极端天气等因素影响，需求强劲反弹，超过新型冠状病毒感染疫情前水平，也引起市场供应紧张（欧洲市场供需矛盾尤为突出），致使国际天然气价格上升涨至历史高位，欧洲、亚洲和美国天然气价格增幅分别为397%、280%和93%。

天然气价格暴涨的背后，体现了能源转型过程中供需结构的矛盾。这种矛盾在欧洲市场尤为突出。近年来，欧洲一直大力发展可再生能源发电，抑制化石能源的发展。2021年北半球气候反常，风力发电不足，发电量较往年大幅下降，迫使欧洲国家重启成本较高的煤电、气电，导致天然气价格飙升，同时受俄乌冲突影响，俄罗斯天然气进入欧洲受到阻碍，给区域能源转型带来了风险和挑战，再加上中俄近年能源贸易往来频繁，增量部分较大程度流向亚洲，造成欧洲天然气进出口贸易依靠液化天然气，进一步影响全球天然气贸易格局（图2-8）。

2022年，受全球新型冠状病毒感染形势、地缘政治形势、伊核谈判进展、欧佩克产量政策等影响，国际油价出现波动；世界炼油能力依旧持续上升，新增炼化产能主要集中在亚太地区和中东地区，供应量仍高于需求的增量；国际海事组织新规对油品规格更加严格，让炼油业的国际竞争趋于激烈；"双碳"战略使清洁能源地位越发重要，很大程度上影响了世界能源的需求结构。此外，在俄乌冲突背景下，全球天然气供应紧张的形势进一步加剧，推动全球天然气价格走高，这对全球天然气的增产是一大利好。

南海油气工业利用与发展

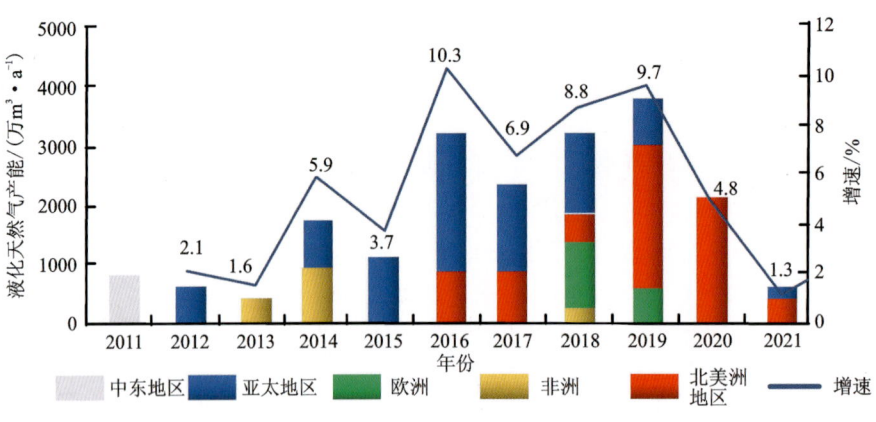

图 2-8　2011—2021 年世界新增液化天然气产能及增速变化

（数据来源：《2021 年国内外油气行业发展报告》）

第二节　主要油气工业国发展现状

一、美国

美国是北美地区油气工业最发达的国家，是全球最大的石油生产国、石油消费国和石油净进口国，其油储量位居全球第十一位，天然气储量位居全球第六位。美国现在的燃料结构是石油第一、天然气第二。美国在规模和技术上一直引领世界油气工业的发展，特别是页岩气革命后，其逐渐实现能源独立，使其石化强国的地位更加巩固。页岩气开采技术的成熟使美国对常规石油的使用量明显下降，目前美国已从石油进口国转型成为石油净出口国。

（一）美国油气工业发展历程

美国是世界上最早使用先进手段获取石油的国家。1859 年，美国第一口油井在宾夕法尼亚州的泰特斯维尔村开钻，这被认为是美国石油工业的诞生，也标志着世界石油工业的开端。美国兴起了一股石油开采的热潮，在 15 年的时间里，宾夕法尼亚油田的产量就超过了 136.1 万 t/a。

美国 80% 以上的石油储量集中于美国的 4 个州：得克萨斯州（24%）、阿拉斯加州（22%）、路易斯安那州（20%）和加利福尼亚州（19%）。其他产油州包括新墨西哥州、俄克拉何马州、怀俄明州、堪萨斯州、密西西比州和北达科他州等。

美国石油工业发展经历的主要阶段如图 2-9 所示。

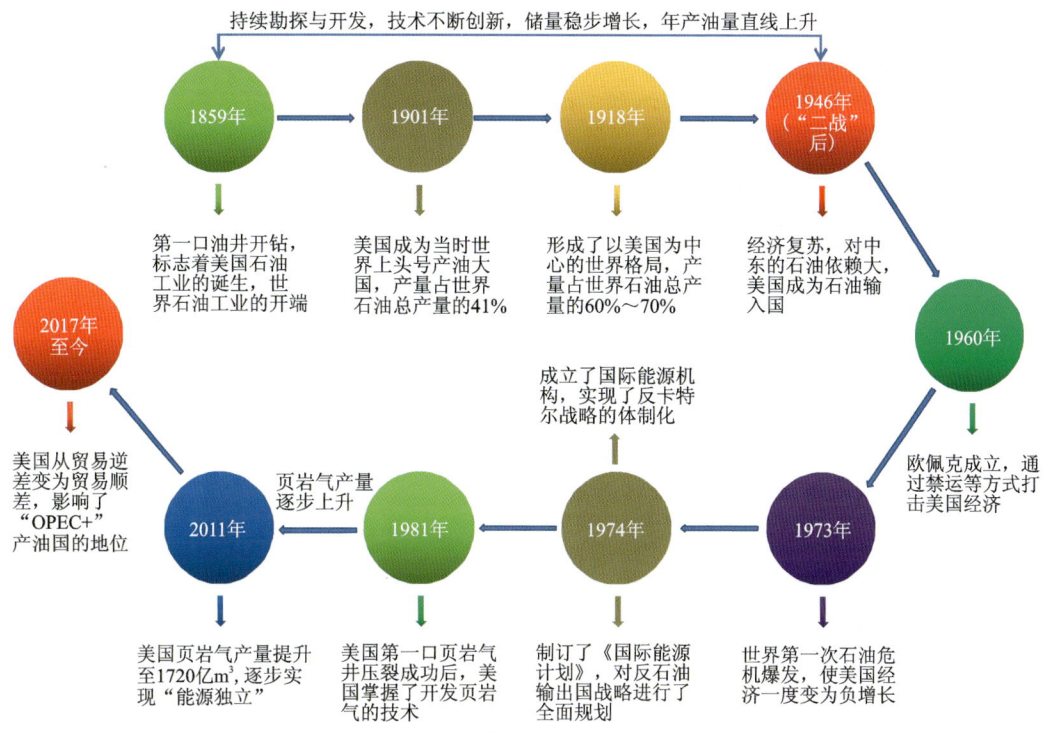

图 2-9 美国工业发展历程

1859—1968 年间,美国一直引领着世界石油工业的发展,勘探与开发技术不断创新,年产油量一直位居世界第一。在此期间,美国国内的勘探活动持续不停,储量稳步增长,产量直线上升。20 世纪 80 年代末至 90 年代初是美国石油生产大发展的时期,其石油产量年均增长率达 45%,使美国成为当时世界上头号产油大国。1901 年,美国石油产量占世界石油总产量的 41%。1904—1918 年,这个比例上升到 60%~70%,形成了以美国为中心的世界格局(江红,2002)。到第二次世界大战前夕,石油工业虽已遍及全球 40 多个国家,但其中雄居榜首的仍是美国,它集中生产的石油产量占世界石油总量的 62%(1942 年)。美国石油被销往世界各地,同时美国被称为"石油帝国"。

"二战"后,美国面对实现经济复苏的艰巨任务,对石油资源需求量也陡然增加,中东的廉价石油使美国国内经济得以快速发展,但对中东的石油依赖也越来越大,美国也因此由石油输出国变为石油输入国。欧佩克成立之后,中东国家通过一系列艰难的斗争成功地将沙特阿拉伯国家石油公司(简称"沙特阿美公司")国有化,并通过石油禁运的"武器"打击了欧美国家的经济。第一次石油危机之后美国经济由"二战"后的快速增长一度变为负增长。

美国等西方国家在这次石油危机爆发后,开始筹建发达国家石油进口国的集体安全体系和反石油输出国的联盟。在当时的美国国务卿基辛格的积极倡导和外交努力下,经济合作与发展组织成员国 1974 年制订了《国际能源计划》,对反石油输出国战略进行了全面规划,并于同年 11 月成立了国际能源机构,实现了反卡特尔战略的体制化。

1981年,随着美国第一口页岩气井压裂成功后,美国掌握了开发页岩气的技术。此后,美国页岩气产量逐年迅速增长,由2000年的122亿 m^3 增长到2011年的1720亿 m^3,占其天然气总产量的1/4以上,大大提升了美国能源自给率,其天然气消费长期依赖进口的局面发生逆转,能源对外依存度降至20世纪80年代以来的最低水平,让美国逐步实现"能源独立"的梦想,能源自给率不断提高的目标也初步实现。

十多年来,美国页岩气的蓬勃发展不断打破产量纪录,从宾夕法尼亚州到得克萨斯州,页岩气产量超过了美国的需求,2009—2016年美国天然气一直处于贸易逆差状态,2017年以后美国从贸易逆差变为贸易顺差,天然气出口量越来越大(图2-10)。

图2-10 2009—2020年美国天然气进出口贸易变化
(数据来源:《世界能源统计年鉴》,BP公司,2021)

页岩气革命的成功不仅能够保障美国的能源安全,同时在生产页岩气的过程中,还使美国获得了大量的页岩油资源(页岩油生产可以在需求高涨时开启,需求低迷时关闭,能够快速使用价格变化改变开采量,由此带来更高的性价比),同时使美国摆脱了对进口石油的依赖,极大地缓解了国家石油供求矛盾的状况,美国石油进口量由2009年的442.8百万t降至2020年的293.7百万t;同时出口量也在逐年上涨,由2009年的2.2百万t提高到2020年的155.3百万t,这不仅动摇了传统产油国的市场份额,也影响了"OPEC+"产油国的地位,为美国油气工业发展带来新的机遇(图2-11)。

(二)美国石油炼化

根据美国国防区域石油管理局(Petroleum Administration for Defense District,PADD)的划分,美国炼油共分为5个区域:PADD1为美国东海岸地区,拥有9座炼油厂,它主要以简单型炼油加工为主,炼油生产能力为17.0万t/d,约占美国总炼油能力的7%;PADD2为中西部地区,该地区目前有27座炼油厂,以中度复杂型炼油为主,为美国第二大炼油区域,炼油能力达到53.4万t/d,占美国总炼油能力的21.4%;PADD3为墨西哥湾地区,以复杂型炼油为主,是美国最为集中的炼油和石化产业中心,同时也是世界上最大的炼油中心,目前该地区有

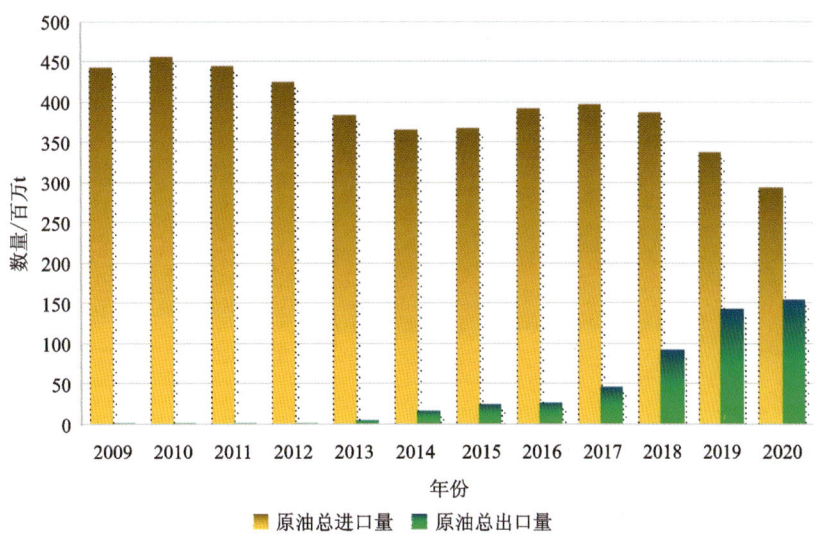

图 2-11　2009—2020 年美国原油进出口情况

(数据来源:《世界能源统计年鉴》,BP 公司,2021)

57 座炼油厂,炼油能力达到 130.7 万 t/d,约占美国总炼油能力的 52%;PADD4 为落基山脉地区,目前拥有 16 座炼油厂,多数为中度复杂型,是美国炼油能力最低区域,炼油生产能力仅为 9.2 万 t/d,占美国总炼油能力的 3.8%;PADD5 为西部(含阿拉斯加州和夏威夷州)地区,共有 30 座炼油厂,主要以复杂型炼油为主,可加工重质/超重质原油和高硫原油,炼油生产能力为 38.6 万 t/d,占美国总炼油能力的 15.8%(图 2-12)。

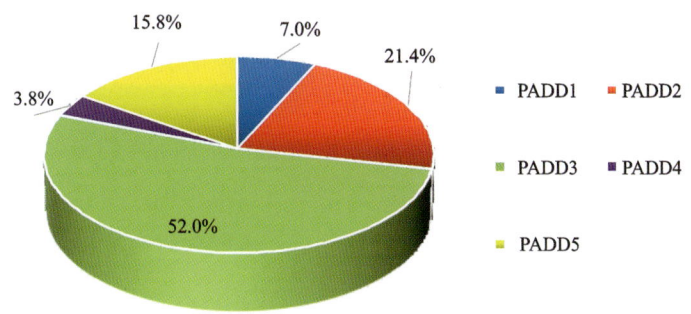

图 2-12　美国炼油产能分布图

美国是世界上最大的炼油生产国,2019 年炼化原油 9.45 亿 t,约占全球原油一次加工能力的 18.6%。2020 年受新型冠状病毒感染疫情影响,炼油产能有所下降,为 9.04 亿 t,但是依旧无法撼动其炼油大国的地位(表 2-1)。同时,美国还有世界上最成熟的炼油产业市场,炼油产业经营主体较为多元化,产业集约化发展特点明显。

随着美国页岩气的开发,美国化学品行业迎来了新的生机,轻质原油产量不断增加,逐步替代进口的轻质原油,油气产品的生产大大降低了成本,推动了利润率上升,引发了新加工能力建设的激增,同时也吸引了大批资金的投入。美国石化行业进入北美有史以来最大的产业扩张时期,其产能扩张、装备改造、装置重设和新建设施的总投资已达 1700 亿美元(表 2-2)。

表 2-1　2013—2020 年美国炼厂产能一览表（据《世界能源统计年鉴》，BP 公司，2021）

年份	2013	2014	2015	2016	2017	2018	2019	2020
美国炼厂产能/亿 t/a	8.93	8.95	9.12	9.27	9.26	9.37	9.45	9.04
世界炼厂产能/亿 t/a	47.88	48.54	48.75	49.01	49.15	49.86	50.67	50.77
占比/%	18.65	18.43	18.71	18.92	18.84	18.78	18.65	17.80

表 2-2　美国石化工程项目投资分布（据美国化工理事会，2017）

按产品	投资金额/10 亿美元	占总量的百分比/%	按地区	投资金额/10 亿美元	占总量的百分比/%
石化	83.0	49	墨西哥湾沿岸	118.5	70
聚合物	34.6	20	中西部	23.5	14
化肥	31.6	18	Ohio Valley	18.4	11
其他有机化学品	13.7	8	西部	7.1	4
氯碱	3.2	2	南部	2.1	1
工业气体	3.1	2	其他	1.2	0
合成橡胶	1.4	1	合计	170.8	100
其他	0.2	0			
合计	170.8	100			

2020 年受新型冠状病毒感染疫情的影响，美国石油产品的进出口贸易数量大幅度减少，尤其是用于运输的石油产品（馏分燃料油、车用汽油和航空燃料），出口总额下降了 14%。但是对于已经实现了能源独立并且能源净出口数量创下了历史新高的美国油气工业来说，美国政府通过充分利用国际、国内两个市场，在降低原油进料成本的同时，也增加了原材料供应渠道的灵活性，为炼油行业配置最适宜的原油资源，在全球炼油行业承受了较大的压力下（尤其是在欧洲、日本等成熟市场下，炼厂关停压力尤为明显），出口最具竞争力的产品，充分展现了其炼油行业和石油行业在全球的竞争实力，从而确立了美国成为世界上最大炼油产品出口国的地位。

(三) 美国油气运输

由于管道运输成本低于油轮、铁路等其他运输方式，因此管道运输成为美国油气产品转移到消费市场的主要通道。美国拥有超过 30 万 km 的石油管道和超过 48 万 km 的天然气管道（图 2-13）。其中，液体管道主要用于输送汽油、柴油、喷气燃料和其他精炼的石油产品，天然气管道主要运送丙烷、乙烷和其他工业原料。同时天然气管网作为美国城市供气系统，与天然气主产区也紧密关联，发达的管道输送系统，可以将天然气快速地输往其所辖的 48 个州，以此满足国内供需。

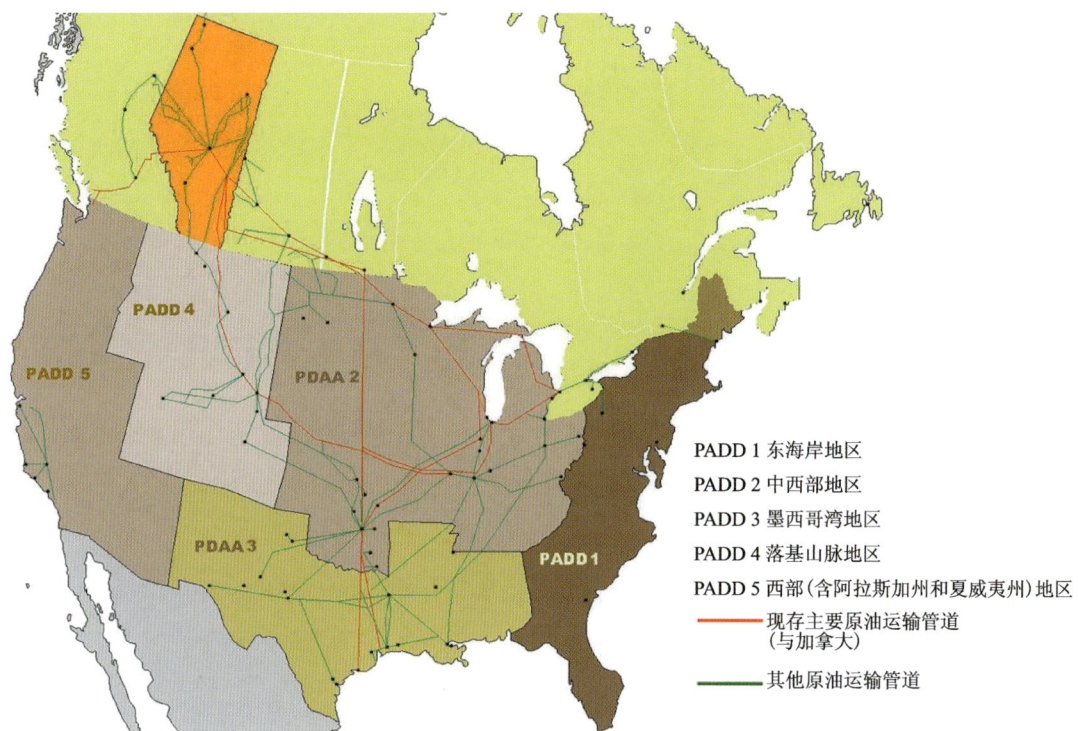

图2-13 北美管道及炼厂分布图(资料来源:加拿大石油生产商协会,2021)

在未来,随着美国本土由北向南原油管线的新建和扩建,美国将丰富的原油资源和炼油中心连成一体,使更多原油通过管道运输进入美国炼厂,确保美国能源安全和提升能源自给率。虽然新建管线需要较为严格的审批和复杂的审批流程,但是有助于维持WTI相对于布伦特原油的价格优势,因此美国原油管网的优化将是大势所趋。

二、俄罗斯

俄罗斯是欧洲地区的油气工业大国,其油气资源储量十分丰富,石油蕴藏量占世界石油总储量的13%,天然气蕴藏量则居世界第一位,占世界天然气总储量的35%。俄罗斯目前探明的石油和天然气资源总体多分布于西部地区,以乌拉尔山脉和中西伯利亚高原之间的西西伯利亚平原地区分布最为密集,东欧平原有几处聚集区域,中西伯利亚高原、远东地区资源零散且较为稀少(黄季夏等,2020),但未探明储量的地区也有巨大的资源应用前景(图2-14)。

(一)俄罗斯油气工业发展历程

著名的巴库地区(位于高加索山南侧的半岛地区)是俄罗斯石油业的发祥地。1871年俄国勘探队在巴库地区打下了第一口钻井,发现了巴拉哈纳油田,伴随着这一抹曙光的出现,在巴库地区先后又发现了多个油田,俄国的石油产量急剧上升;1901—1904年间俄国利用石油出口创汇,石油年均出口量为163.8万t,占全球石油总产量的15.4%。

南海油气工业利用与发展

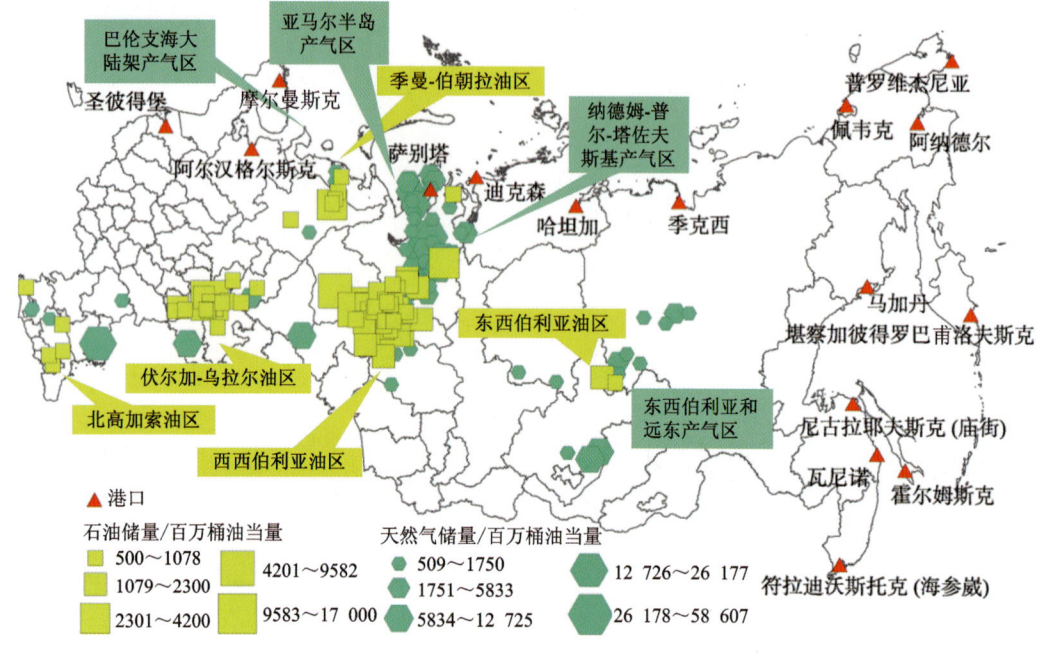

图 2-14 俄罗斯油气资源分布图（据黄季夏等，2020）

1914 年第一次世界大战爆发以及 1917 年俄国十月革命严重波及俄国石油工业，所有的国际业务停止，石油外运外销受到制约，产销的脱节导致大量石油产品积压，直到 1922 年 12 月 30 日苏维埃社会主义共和国联盟（简称"苏联"）成立，石油工业开始恢复发展，出口石油所获得的收入占国民总收入的 14%，成为苏维埃政权生存、巩固并发展壮大的重要物质基础。

1950—1960 年间，苏联石油工业迎来了飞速发展的"黄金时代"，石油产量翻了一番，使苏联成为世界第二大石油生产国，同时也成为东欧和西欧能源的主要供应国。石油出口收入占国家总出口收入的一半，这对维持苏联的经济实力和政治权力发挥着极为重要的作用，"能源外交"和"管道外交"成为苏联外交的一个重要手段。

20 世纪 60 年代末期，西西伯利亚地区的石油资源被发现并被大规模开采，伴随而来的第三次中东战争推高了国际油价，为苏联带来巨额收入。在油价的带动下，苏联和经济与合作发展组织国家的贸易由 20 世纪 60 年代占出口额的不足 20% 升至 20 世纪 70 年代的 31%，同期，苏联天然气的开采也迅速增加，从而使其可以将更多的石油用于出口创汇。1973 年第四次中东战争导致的世界石油价格飙升，更是赐予了苏联迅速增加石油出口的机会。20 世纪 70 年代后期，苏联从石油出口所得的硬通货收入占其硬通货总收入的一半，苏联的经济和军事实力达到"二战"后的巅峰。

1979 年 12 月的阿富汗战争，20 世纪 80 年代中期国际油价暴跌和西方国家对其实施石油禁运的三重打击，使苏联的经济连遭重创。1991 年 12 月 25 日，苏联正式解体，俄罗斯成为苏联的唯一继承国，解体后最初的几年，俄罗斯石油工业陷入严重的衰退阶段，油价的持续低迷、投资不足、技术落后等原因使俄罗斯油气产量大幅下降，尤其是 1997 年亚洲金融危机导致卢布贬值，使俄罗斯经济雪上加霜。1998 年石油产量相较于 10 年前减少近 50%，由日均 149.7 万 t 降至 81.6 万 t。

直至金融危机结束后的1999年,随着世界经济开始新一轮的增长而带来油价的持续攀升,从而开启了全球油气行业的新一轮景气周期,加之能源工业私有化以后经济效益的日益显现、新技术的采用以及国际资本的流入,这一系列积极因素大大推动了俄罗斯油气工业的快速恢复。2000年对俄罗斯石油工业来说是"扬眉吐气"的一年,为使资源经济走上战略性发展道路,从而实现俄罗斯的经济振兴目标,普京对油气能源战略资源实施严格的国家控制,成功使石油工业基本实现再国有化,加上国际原油价格上涨,使俄罗斯石油工业彻底走出了1998—1999年的低谷。

2003年之后,俄罗斯发布了一系列的政策法规,加强了政府对油气工业的整顿与控制,明确了将油气资源作为推行本国对外政策的重要手段。其中包括2003年5月颁布的《2020年前俄罗斯能源战略》、2006年7月通过的《天然气出口法》以及修订涉及能源开采的《矿产资源法》、2008年5月签署的《关于外资向对国家国防和安全具有战略意义的经营公司进行投资之程序的联邦法》等。2008年,俄罗斯原油产量约4.9亿t,天然气产量约6115亿m³,超越美国(5461亿m³)成为世界第一。

近年,俄罗斯加大了对黑海、波罗的海、里海、伯朝拉海、鄂霍茨克海等周边沿海大陆架的勘探与开发投入,为俄罗斯石油产量的增长提供了保障,但是2014年以来,欧美对俄罗斯一直实施经济制裁,对俄罗斯油气工业的负面影响逐渐加重,部分国际大石油公司与俄罗斯合作的项目在初始阶段就陷于停滞,俄罗斯国内石油公司在上游勘探领域的投资也呈下降趋势,2017年,石油的产量相较于上一年仅增长了0.4万t/d,增幅0.28%,是继2008年以来石油产量增长最少的一年。2020年是俄罗斯油气工业发展严重受挫的一年,在新型冠状病毒感染疫情的冲击下,俄罗斯与欧佩克几经谈判,最终达成原油限产协议,因此2020年俄罗斯原油产量大幅度下降,为145.1万t/d,对比2019年(158.9万t/d)下降8.67%(图2-15)。

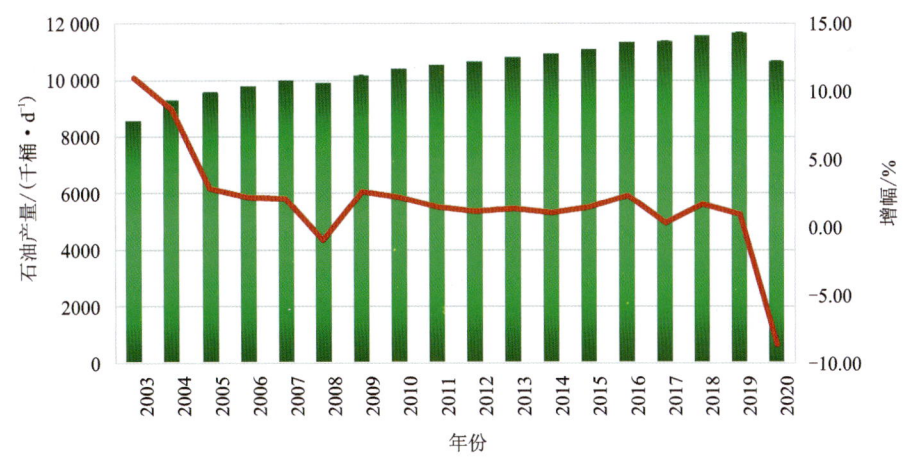

图2-15　2003—2020年俄罗斯石油生产情况(数据来源:《世界能源统计年鉴》,BP公司,2021)

与石油相反,2009年全球经济衰退,由于欧洲和俄罗斯国内天然气需求下降,且美国非常规资源继续开发以及液化天然气供应增加导致竞争激烈的市场中天然气价格大幅下跌,使俄罗斯天然气产量暴跌,相较于2008年减少649亿m³,跌幅达10.8%。直到2010年,在经济复苏的推动下,俄罗斯天然气产量恢复并快速增长,相较于2009年增加588.9亿m³,增幅为11.6%,增长量居全球之首。2017年是天然气的"丰收年",拉动了俄罗斯天然气产量(460亿 m³)的强劲增长,使俄罗斯成为当年天然气产量增长最多的国家。2020年受新型冠状病毒感染疫情影响,俄罗斯天然气产量(6385亿 m³)下降405亿 m³,相较于上一年同比减少5.96%(图2-16)。

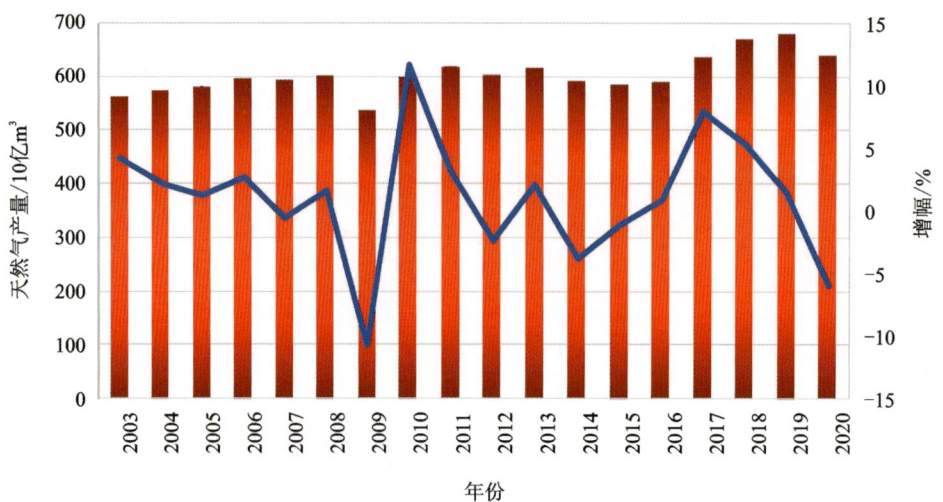

图2-16　2003—2020年俄罗斯天然气生产情况(数据来源:《世界能源统计年鉴》,BP公司,2021)

俄罗斯有大约70%的原油和大约37%的天然气用于直接出口,且大部分销往欧洲国家,特别是德国、荷兰、白俄罗斯和波兰等。

近年来,由于美国的制裁以及欧盟拒绝使用卢布支付购买能源等原因,俄罗斯向欧洲国家出口的油气占比整体呈下降趋势。与此同时,俄罗斯抓住地缘政治和经济贸易的契机,加快油气出口渠道的多元化。随着中国对石油需求的不断加大,中俄友好关系的不断加深,中国在俄罗斯的油气出口贸易中占比不断提升。2009年6月,中俄两国签署了《关于天然气领域合作的谅解备忘录》等文件,加快了中俄天然气的贸易合作。有关俄罗斯油气工业发展历程见图2-17。

(二)俄罗斯石油炼化

俄罗斯的炼油产能主要集中在西部,其中里海以北的在岸区域炼油产能最为集中,在俄罗斯中南部接壤蒙古国的地区以及东南部接壤中国的地区也有部分炼油设施。随着俄罗斯石油产量的不断提高,炼厂产能迅速得到提高。根据《石油与天然气学报》的数据,截至2020年,俄罗斯约有37家炼油厂,全国总产能达到91.6万 t/d,其中Rosneft公司是俄罗斯炼油产能最大的油气企业,炼油产能约占全国的35%。

虽然俄罗斯在国内加工和炼化的原油占总产量的50%~55%,其余的用于出口,但是俄罗斯大部分炼油厂年代久远,产品单一,劣质燃料油占其产量的很大一部分。据中国社会科学院俄罗斯东欧中亚研究所俄罗斯经济室主任徐坡岭介绍,俄罗斯原油加工深度的提升是其实施由原料模式向高附加值模式过渡战略的主要成果,是促进国内炼油产业升级的政策产物。

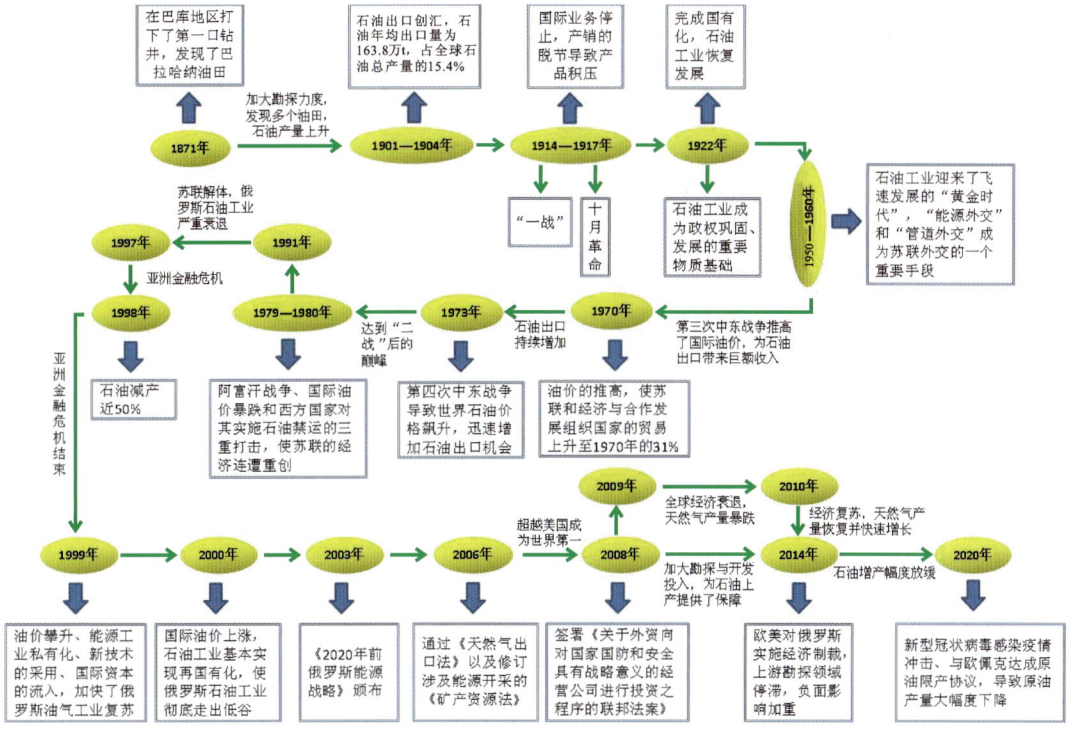

图 2-17　俄罗斯油气工业发展历程

自 2010 年起俄罗斯石油加工深度逐年加大,2011 年俄罗斯政府出台相关政策提高成品油出口税(出口税根据原油和产品的不同而不同),目的在于改变俄罗斯炼油厂大量生产低品质成品油出口的状况,激励炼油厂向现代化改造升级,以提高炼油加工深度。但是由于初级加工带来的可观盈利使炼油厂商普遍缺乏积极性,政策实施效果并不理想,造成俄罗斯市场达到欧标的炼油产品比例一直较低。

2015 年,俄罗斯政府降低原油出口和轻质油产品的出口税率,同时提高对重质原油产品的税收,促使俄罗斯石油公司更偏向于出口原油。俄罗斯国内原油加工量为 78.5 万 t/d,比上一年下降了 2.58%,原油加工量占原油产量的比例从 2014 年的 54.23% 下降至 52.06%。但是在炼油工业现代化进程的推动下,原油加工深度是持续增长的。

2018 年,俄罗斯政府再次修改相关税制,在新通过的石油行业税改方案中,取消原油和石油产品出口税,并且提高资源开采税,目的在于提高炼油厂的原油成本,降低炼油厂的利润水平,淘汰低效率的中小型炼油厂,倒逼炼油厂采用高新技术升级设备,从而提高炼油质量和降低成本以提升竞争力。2018 年俄罗斯国内原油加工量为 79.8 万 t/d,比上一年增加了 2.82%,是继 2014 年(80.6 万 t/d)以来原油加工量最多的一年,加工量占产量的比例从 2017 年的 50.14% 提高至 50.72%。虽然,这些政策的调整对还有待升级的炼油厂短期内会产生负面影响,但是对于提高炼油效率、增加商业附加值有正向促进作用并在目前已经取得了预期的效果(图 2-18)。

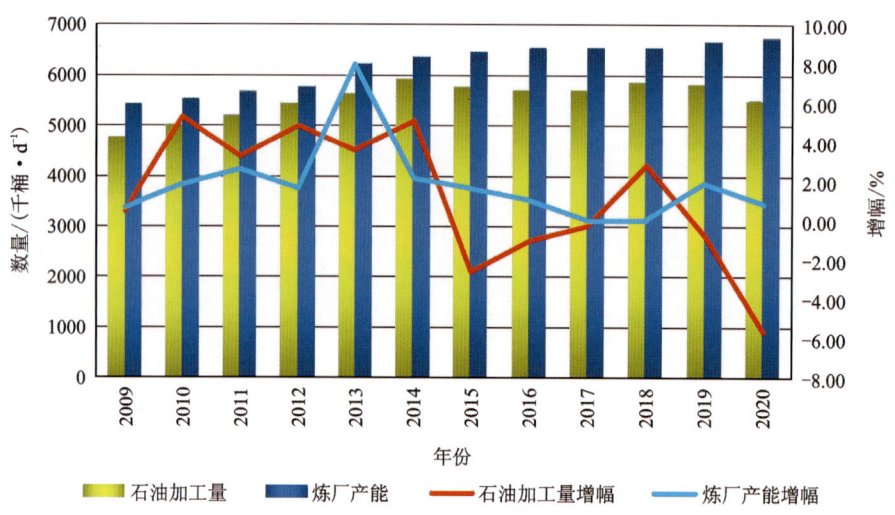

图 2-18　2009—2020 年俄罗斯石油炼化情况（数据来源：《世界能源统计年鉴》，BP 公司，2021）

（三）俄罗斯油气运输

目前，俄罗斯的运输系统主要由油气运输管道、铁路和 LNG 船运三部分组成。其中，在船运方面，俄罗斯在北极航道上拥有众多港口，可以将本国的能源通过船运的方式送往世界各地。近年来随着亚太地区油气需求逐年上升，LNG 船运方式在俄罗斯油气运输系统中的地位越发重要。在铁路方面，早期俄罗斯油料主要通过铁路运送到中国东北城市，如哈尔滨和大庆等，但是由于成本比管道运输要高出一倍，经济效益低且存在环境污染的风险，因此逐渐会被管道运输所取代。在油气管道方面，俄罗斯目前已建成世界上最发达的油气管道网（表 2-3），油气管道总里程超过 25 万 km。由于俄罗斯能源出口的主要方向是欧洲市场，因此油气管道也集中在其西北部、西部及黑海区域 3 个方向。

虽然俄罗斯的管道运输在整个油气运输系统里占主要地位，但是俄罗斯与各国之间的 LNG 贸易不容忽视。随着欧亚地区对天然气需求不断加大，LNG 出口也在逐年提升，从 2009 年的 68 亿 m^3 出口量到 2020 年的 404 亿 m^3 出口量，大幅度增加了 494%。目前俄罗斯仅有俄罗斯天然气工业股份公司控股的萨哈林 2 号和诺瓦泰克控股的亚马尔两个 LNG 项目，年产能分别为 1080 万 t 和 550 万 t。其中，萨哈林 2 号是俄罗斯首个液化天然气（LNG）项目，由萨哈林能源投资公司、俄罗斯国营天然气公司 Gazprom、壳牌公司、三井物产株式会社 4 家公司出资的石油及天然气合作开发项目，于 2009 年起对库页岛北部天然气田产出的天然气进行液化再运输，大约 60% 供应日本（其余主要面向韩国和中国），且该项目位于俄罗斯远东地区（萨哈林斯克），距日本的地理位置较近，在保障能源安全方面具有重大意义；亚马尔 LNG 项目是中国提出 "一带一路" 倡议后在俄罗斯实施的首个特大型能源合作项目，由俄罗斯诺瓦泰克股份公司、中国石油天然气集团有限公司、法国道达尔公司和中国丝路基金共同合作开发，于 2017 年 12 月投产，项目的建设为中国清洁能源供应带来了新气源，同时也使俄罗斯出口到中国的 LNG 逐年翻倍增长。在未来，随着中俄战略资源合作的不断加深，俄罗斯 LNG 主要出口量中中国的占比将会越来越高（图 2-19）。

第二章 油气工业 全球经济晴雨表证

表 2-3 俄罗斯主要油气管道一览表

管道类型	名称	管道基本情况	主要说明
石油运输管道	东西伯利亚－太平洋管道	管道全长4000多千米，设计输送能力达8000万t/a，于2009年12月投入使用	建设的目的在于将西西伯利亚和东西伯利亚石油运往太平洋沿岸的石油终端"科济米诺港"，主要供应近年来成为世界原油和成品油市场最具发展活力的亚太地区，特别是东亚的中国、日本、韩国市场
	波罗的海原油管道	管道全长1000多千米，设计输送能力达3000万t/a，于2012年投入使用	绕过波罗的海沿岸国家，将西西伯利亚和乌拉尔-伏尔加河流域，也包括中亚地区的原油输往普里摩尔斯克港。旨在减轻俄罗斯原油出口渠道方面对白俄罗斯、乌克兰等邻国的依赖，避免因高昂的石油陆上过境费而受其制约，从而提高海运石油出口质量
	友谊管道	管线分两线，一线长4412km，另一线5500km，设计输送能力达27.2万t/d，两期工程分别于1964年和1973年完工使用	由苏联向中欧和东欧国家输送原油的大型输油管道系统，输油管道起自俄罗斯的阿尔梅季耶夫斯克，至匈牙利、捷克、波兰和德国等国，是世界上最长的输油管道
	扎波利亚里耶－普勒佩－萨莫特洛（Zapolyarye-Purpe-Samotlor）管道	Purpe-Samotlor段全长429km，年输油能力2500万t，已于2011年完成建设并投入使用；Zapolyarye-Purpe段总长485km，年输油能力4500万t，2016年底完成建设，2017年正式投入使用	该管道是为了向俄罗斯石油管道系统接入亚马尔-涅涅茨自治区和克拉斯诺亚尔斯克边疆区的油田
	库云巴－泰舍特（Kuyumba-Taishet）管道	管道全长700km，输油能力为860万t/a，于2017年投入使用	管线横跨东西伯利亚的克拉斯诺亚尔斯克和伊尔库茨克地区，随后通过东西伯利亚-太平洋输油（The Eastern Siberian Pacific Ocean, ESPO）管道向亚洲市场和国内炼油厂输送原油
	萨马拉－新罗西斯克管道	管道于2001年3月建成投产	该管道主要是将萨马拉方向来的石油通过国内管网输送至俄罗斯在黑海的主要港口新罗西斯克（Novorossiysk），然后装船经黑海和土耳其海峡向外运送

41

续表 2-3

管道类型	名称	管道基本情况	主要说明
石油运输管道	里海石油管道	管道全长 1511km，年输油能力 2820 万 t，于 2001 年 10 月投入使用	主要任务是将俄罗斯、哈萨克斯坦的原油输送至新罗西斯克港，然后海运出口
	布尔加斯-亚历山德鲁波利斯石油管道	管道全长 285km。管道建成初期设计的年输油量为 3500 万 t，最终将达到每年 5000 万 t	该管道将使里海石油绕过波普鲁斯海峡，直接运到希腊的地中海港口，从而进入欧洲市场。由于项目无法根据 2007 年签署的政府间协议中约定的条件和费用完成施工，因此保加利亚政府于 2011 年作出了退出该项目建设的决定，导致该天然气管道项目暂停建设
天然气运输管道	"兄弟"天然气管道	管道全长 4451km，输气能力为 240 亿 m³/a，于 1967 年建成投产	该管道线是苏联时期建成的经乌克兰出口欧洲的天然气管道之一。该管道起于俄罗斯西部的纳德姆乌克，经乌克兰至斯洛伐克。之后分为两条管道：一条输往捷克、德国、法国、瑞士等国，另一条输往奥地利、意大利、匈牙利等国。自 1991 年苏联解体后，俄罗斯有意降低对乌克兰的依赖，不断扩展其他天然气出口渠道，这条管线出口量逐渐减少
	"北极光"天然气管道	管道全长 7377km，输气能力为 510 亿 m³/a，于 1985 年建成使用	该管道是俄罗斯经白俄罗斯输往欧洲的天然气管道之一。起始自俄罗斯乌连戈伊气田，经白俄罗斯至波兰，乌克兰等国。该管道系统在俄罗斯境内为多条管道并行敷设，由于运行时间较长，部分设备老化。目前输气能力降为 460 亿 m³/a
	"亚马尔-欧洲"天然气管道	管道全长 4107km，其中俄罗斯段长度为 402km，白俄罗斯段 575km，波兰段 680km，输气能力为 330 亿 m³/a，于 1999 年建成投产	该管道起自西西伯利亚亚马尔半岛，经白俄罗斯、波兰至德国柏林。其终点位于德波边境勒兰堡州的马尔诺。该管道承担了欧洲从俄罗斯获取天然气近 20%的份量，提高了欧洲供气的灵活性。2011 年 11 月 Gazprom 公司完成了俄罗斯天然气运输公司的全部收购，优化了俄罗斯对白俄罗斯天然气的出口流向，掌握了俄罗斯经白俄罗斯管线的天然气输往欧洲各国的主动权。2022 年，在俄罗斯暂停这条管道向波兰实行"断供"之后，德国通过这条管道反向输送越来越多的天然气供应

第二章 油气工业 全球经济晴雨表证

续表 2-3

管道类型	名称	管道基本情况	主要说明
天然气运输管道	"联盟"天然气管道	管道全长1780km,输气能力为280亿m³/a,于1978年建成投产,项目总投资60亿卢布	该管道是1974年6月苏联、匈牙利、捷克、波兰、德国、罗马尼亚、保加利亚7个国家签订了关于开发奥伦堡凝析气田共同建设下共同提前协议建设的。管线系统包括南、北两条管道,其中"联盟"北干线管道起自俄罗斯,向西到达德国,并延伸到法国;"联盟"南干线管道起自俄罗斯,经乌克兰、摩尔多瓦,到达罗马尼亚、保加利亚、土耳其等国
	"蓝溪"天然气管道	管道全长1213km,其中俄罗斯段为373km,土耳其段为444km,黑海域段为396km。最深处达2150m,起为160亿m³/a。总投资32亿美元,于2005年11月建成通气	1997年12月,俄罗斯与土耳其签订了关于修建"蓝溪"天然气管道的政府间协议。商定在25年内向土耳其供气3650亿m³天然气。该管道是世界上最深的海底管道,最深处达2150m,起自俄罗斯境内伊扎比热内,经海底至土耳其首都安卡拉。该管道的修建使俄罗斯成功进入土耳其天然气市场,进而打开了地中海市场,并进一步扩大与欧盟各国的天然气合作
	Transgas天然气管道	管道于1972年投入运营	这是俄罗斯经乌克兰境内运输在西欧的主要天然气管线,经乌克兰进入斯洛伐克后分为两条支线,一条向西经捷克进入德国,另一条向西南经奥地利进入西欧
	"南溪"天然气管道	管道设计总长为2386km,4条管道并行敷设,每条管道的输气能力为157.5亿m³/a。总投资213亿美元,于2014年放弃建设	该管道自俄罗斯新罗西斯克起,横跨黑海和保加利亚,经保加利亚境内再分别向北分为两条支线,一条穿越塞尔维亚、匈牙利乌克兰、奥地利通向意大利南部,另一条由乌克罗斯同题、欧盟施压使保加利亚设有批推、导致俄罗斯放弃该管道建设,由保加利亚转而从土耳其经过,号建立"土耳其溪"天然气管道
	"土耳其溪"天然气管道	海底部分的2条管线均长930km,设计输气量为315亿m³/a,于2020年1月8日投入使用	该管道由俄罗斯与土耳其两国共同建设,是贯穿乌克兰的"友谊"管道。管道横跨黑海,连接俄罗斯黑海沿岸的克拉斯诺达尔边疆区与土耳其欧洲部分的克尔拉雷利省。终端距离保利亚边境仅50km

续表 2-3

管道类型	名称	管道基本情况	主要说明
天然气运输管道	"北溪"天然气管道	管道为双管并行敷设，单管道长1224km，总输气能力为550亿m³/a，总投资为110亿美元，"北溪"第一条管道于2011年11月8日正式投入使用，第二条管道于2012年10月8日开始商业供气	该管道从俄罗斯列宁格勒州维堡港出发，穿过波罗的海，在德国格赖夫斯瓦尔德（Greifswald）登陆。为减少境内第三方过境国对出口天然气管道的影响，俄罗斯天然气工业股份公司持股51%，德国意昂集团和温特沙尔石油公司（Wintershall）各持15.5%的股份，荷兰天然气苏伊士集团各持9%的股份。该管道的修建，可满足欧洲约10%的天然气需求，开辟了俄罗斯出口天然气至欧洲的新路径，提升了俄罗斯向欧洲市场直接供气的能力，欧洲天然气供应保障能力得到加强，部分缓解了"俄乌斗气"的负面影响
	"北溪2"天然气管道	管道为双管并行敷设，全长1200km，设计总输气能力为550亿m³/a，于2020年9月10日建成，总投资约95亿欧元	该管线位于"北溪"管道旁边。从俄罗斯海岸穿越波罗的海到德国海岸，再通过德国干线管道输送到其他欧洲国家，沿途将通过俄罗斯、芬兰、瑞典、丹麦和德国5个国家或其专属经济区和领海。该管道的建成和不间断地供气将有助于俄罗斯与德国形成良好的经济关系
	"西伯利亚力量"天然气管道	管道总长2159km，设计总输气能力为380亿m³/a，于2019年12月2日开始供气	乌克兰危机爆发后，2014年5月，俄罗斯与中国达成了总价值为4000亿美元、期限长达30年的中俄东线天然气合作协议。在此基础上该管道得以付诸实施建设。该管道是从俄罗斯雅库茨克和伊尔库茨克州油气田供气到滨海边疆区和大地区
	中亚-中央和滨里海天然气管道	中亚-中央段管道于2010年改造完成，设计输气能力为700亿~800亿m³/a；滨里海段输气管道长1217km，设计输气能力为300亿~400亿m³/a，于2017年建成	滨里海段管道主要是将土库曼斯坦里海沿岸大陆架和西部陆上气田的天然气以及部分哈萨克斯坦的天然气，经过哈萨克斯坦运送到俄罗斯伏尔加格勒州，再销往欧洲

44

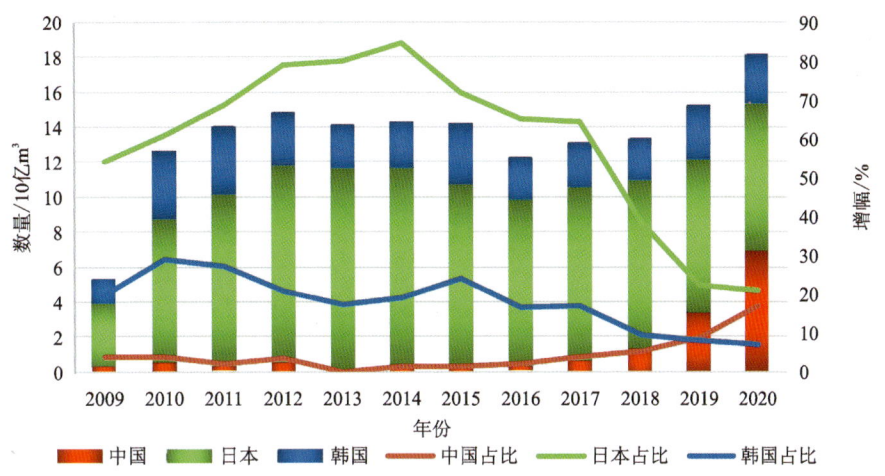

图 2-19　2009—2020 年俄罗斯 LNG 亚太地区出口占比（数据来源：《世界能源统计年鉴》，BP 公司，2021）

三、沙特阿拉伯

中东地区的石油天然气资源极为丰富，主要围绕波斯湾分布（图 2-20），是名副其实的"世界油库"。在中东经济发展中石油天然气工业占其重要的地位，是支配中东地区经济命脉的支柱产业，而且中东地处欧亚交通要道，是世界最主要的石油出口区，油气可以通过管道或者船运经地中海输送到欧洲、亚洲及远东地区。石油收入为中东的海湾国家带来了巨大财富，是名副其实的"石油经济"。2020 年，中东地区的石油探明储量为 1132 亿 t，占世界总探明储量（2444 亿 t）的 46.32%；天然气探明储量为 75.8 万亿 m^3，占世界总探明储量（188.1 万亿 m^3）的 40.3%。

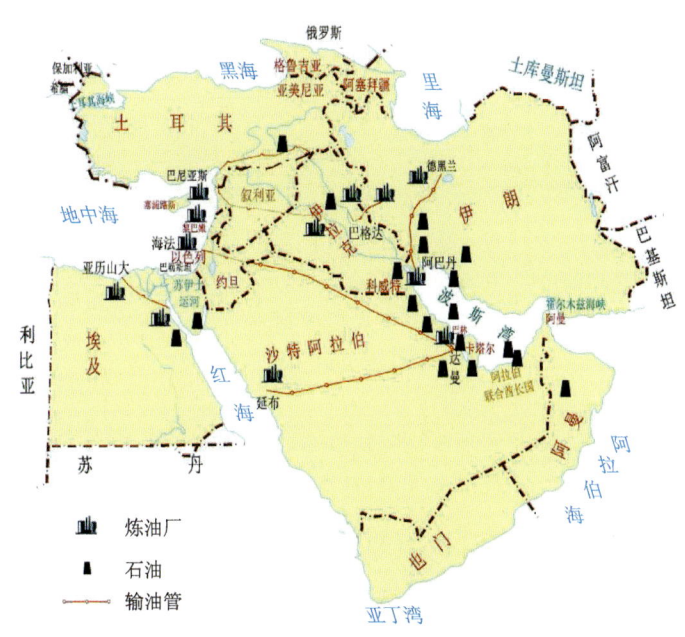

图 2-20　中东地区油气分布示意图

中东地区石油产量长期充当着世界石油供需平衡的调节器。近年来，除了 2020 年受新型冠状病毒感染疫情的影响导致减产以外，中东石油产量整体呈增长趋势，预计未来随着世界经济的恢复，石油需求的回升，伊朗和伊拉克之间的关系逐步好转，中东地区石油产量还将快速提高，而作为全球最大的产油国，沙特阿拉伯将引领着中东地区石化业的发展。

南海油气工业利用与发展

(一)沙特阿拉伯油气工业发展历程

沙特阿拉伯位于全球两个最繁忙的原油航运要塞之间,即霍尔木兹海峡(世界上最重要的石油枢纽)与曼德海峡,拥有约130个油气田,其中一半以上的石油储量主要集中在东北区;沙特阿拉伯的大部分天然气田都与油田毗邻或伴生,探明天然气储量为212万亿立方英尺(1立方英尺≈283.17亿 m^3),位居世界第八(表2-4)。

表2-4 沙特阿拉伯主要油气田基本情况

油气田名称	位置	发现年份	投产年份	基本情况
加瓦尔油田(Ghawar)	位于沙特阿拉伯东部,区域构造上处于阿拉伯地台东部边缘的哈萨构造阶地上,距波斯湾西海岸约100km	1948年	1951年	石油可采储量约95.24亿t,为世界上最大的陆上油田。目前该油田约占沙特阿拉伯总产能的一半
萨法尼亚油田(Safaniya)	位于波斯湾的沙特阿拉伯海域,向北延伸到沙特阿拉伯与科威特的中间区域	1951年	1957年	石油可采储量为25.85亿t,天然气可采储量为3300亿 m^3。该油田是中东地区在海上发现的优质油田,也是迄今为止世界上最大的海上油田
库阿斯油田(Khurais)	位于沙特阿拉伯首都利雅得东南方向的300km,距大规模的加瓦尔油田以西96km	1957年	1959年首次投产,之后经历两次停产后于2009年6月恢复投产	该油田面积2890 km^2,2009年石油产量为16.3万t/d
玛尼法油田(Manifa)	位于沙特阿拉伯东北部,萨法尼亚油田以南	1957年	2013年	海上超级大油田,埋藏深度2300m,储量约17.69亿t
布盖格油田(Abqaiq)	位于沙特阿拉伯东海岸	1940年	1946年	估计原油储量23.13亿t,属于巨型油田
贝利油气田(Berri)	位于沙特阿拉伯达曼西北部约80km的陆上	1946年	1967年	估计原油探明可采储量16.60亿t,天然气探明可采储量1019亿 m^3,是沙特阿拉伯海上超级大油气田
祖卢夫油气田(Zuluf)	位于萨法尼亚海上油田东北方向海域	1965年	1973年	1998年的原油探明可采储量为14.69亿t,是沙特阿拉伯海上超级大油气田

沙特阿拉伯的国土面积虽有225万km^2，却绝大多数都是沙漠地区，缺乏工农业开发能力，在石油行业发展起来之前国力一直很贫弱。1932年，美国加州标准石油公司利用与沙特国王的密友关系，获得在沙特阿拉伯进行地质调查的许可，并成立了加利福尼亚阿拉伯标准石油公司(Casoc)。1938年该公司在达曼开钻的第七口油井里采出了高产原油，标志着沙特阿拉伯油气工业时代的开启。

"二战"期间，该公司更名为阿拉伯美国石油公司，即沙特阿美石油公司，并开始为美国军方提供油料，其战略地位和政治地位火速提升。美国政府为了保证石油供应，不断加大对沙特阿美石油公司的扶持，其原油供应量从1944年的0.3万t/d增长到1949年的6.8万t/d，增长了24倍。

1948年沙特阿美石油公司在沙特阿拉伯东部陆上的加瓦尔发现了油田，该油田直至今日也是全球探明储量最大的油田，总储量预计超过95.24亿t，是世界上最大的陆上油田。加瓦尔油田不但储量巨大而且品质较高，多为轻质原油，便于运输。

沙特阿美石油公司在整个20世纪50年代呈快速发展态势，直至1960年原油产量达到6000万t/a，比1950年增长了57.7%。这一时期的沙特阿美石油公司仍被美国控制，包括对沙特阿拉伯财政收入起决定性影响的原油产量和价格，为了争夺石油的控制权，沙特政府与美国公司进行了坚决的斗争。1960年8月，沙特阿美石油公司的4个合伙人之一的新泽西标准石油公司单方面宣布降低石油价格，对中东地区的产油国造成影响，同年10月，在沙特阿拉伯与委内瑞拉石油部长的积极推动下，石油输出国组织(OPEC)成立。1962年11月30日，沙特政府成立了完全国有的石油矿业总公司，使政府能够参与石油工业领域的经营，包括在沙特阿美石油公司租让地的一切经营活动。直到20世纪70年代初，该公司已经与其他各大公司合资成立了许多企业，并独立经营了位于吉达的一个炼油厂和位于达曼的一个化肥厂。

1973年，沙特阿拉伯等阿拉伯国家对美国、欧洲等发达经济体实施"石油禁运"，引发第一次石油危机，使得沙特政府对沙特阿美石油公司的议价能力大幅提升，政府"参与度"谈判重新开始并一直持续到1980年。1974年，沙特政府对沙特阿美石油公司的控股要求增加到60%；1976—1980年间，达成了沙特政府对沙特阿美石油公司100%的收购协议，至此沙特阿美石油公司彻底被国有化。

1990年，海湾危机摧毁了科威特的石油生产设施，随后的国际制裁封锁了伊拉克的石油出口。沙特阿美石油公司借此机会大发石油横财，在伊拉克入侵科威特的几周时间内，公司的产量突破了34.0万t/d，在海湾战争结束时，公司的产量迈上了136万t/d的水平并一直保持到现在。

2011年，国际油价大幅度增长，布伦特原油价格达到111.26美元/桶(约818美元/t)，比上一年增长约40%，为了防止国际油价过快上扬对正在复苏中的全球经济造成负面影响，沙特阿拉伯(增产12.31%)联合科威特(增产13.8%)、阿联酋(增产12.36%)进行单方面增产，以满足市场需求。

2014—2016年国际油价下跌，沙特阿拉伯采取大幅增产保份额政策，石油产量连续3年增产，分别为156.7万t/d、163.2万t/d、168.8万t/d，以应对来自以北美为代表的非欧佩克供应增加。2017年沙特阿拉伯主导减产协议，原油产量同比大幅回落，降幅达4.14%(图2-21)。

目前沙特阿拉伯石油生产维持在一个稳产的状态,伴随着沙特阿拉伯国内大型油田集中开发阶段暂时告一段落,油田伴生气产量增幅也受限,因此沙特阿拉伯未来将着重开发非伴生气。伴随着未来天然气需求逐步上行,非伴生天然气的产量也会逐年提升(图 2-22)。

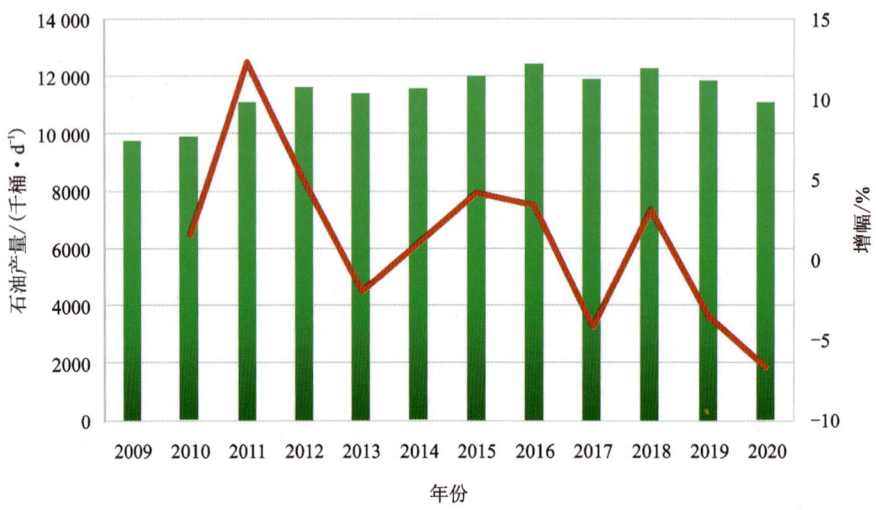

图 2-21　沙特阿拉伯石油产量统计图(数据来源:《世界能源统计年鉴》,BP 公司,2021)

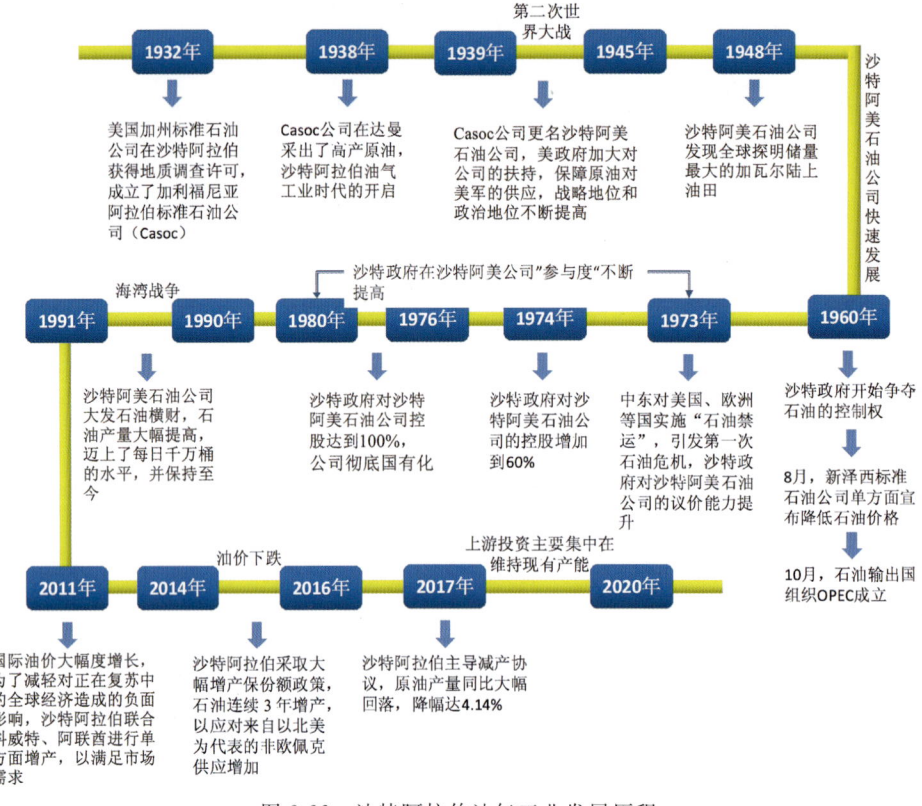

图 2-22　沙特阿拉伯油气工业发展历程

(二)沙特阿拉伯石油炼化

沙特阿拉伯的原油加工量以及炼厂产能在中东地区排名第一,目前炼厂的产能达到39.5万t/d,能够满足31.6万t/d的石油加工量(图2-23)。但是石油的炼制是高污染行业,对大气、水、土壤等的污染都是巨大的,而且需要消耗大量的电和水。沙特阿拉伯的生态环境极为脆弱,破坏之后难以修复,因此沙特阿拉伯的石油炼厂产能相对于美国、欧洲和亚洲增幅缓慢,甚至关停部分炼油厂转而从欧洲、印度及其他中东地区国家进口成品油。

图2-23 2009—2020年沙特阿拉伯石油加工量及炼厂产能变化
(数据来源:《世界能源统计年鉴》,BP公司,2021)

截至目前,沙特国内主要有9个炼油厂,合计产能达到39.5万t/d,其中最大的炼厂是沙特阿美公司旗下的Ras Tanura炼油厂,产能达到7.5万t/d(表2-5)。

表2-5 沙特国内主要炼油厂

序号	炼厂名称	所属公司	炼厂产能/(万t·d^{-1})
1	Ras Tanura炼油厂	沙特阿美石油公司	7.5
2	SATORP Jubail炼油厂	沙特阿美石油公司、道达尔公司	5.4
3	Rabigh炼油厂	沙特阿美石油公司	5.4
4	SAMREF Yanbu炼油厂	沙特阿美石油公司、美孚公司	5.4
5	YASREF Yanbu炼油厂	沙特阿美石油公司	5.4
6	Al Jubail炼油厂	沙特阿美石油公司、壳牌公司	4.2
7	Yanbu炼油厂	沙特阿美石油公司	3.2
8	Riyadh炼油厂	沙特阿美石油公司	1.7
9	Jeddah炼油厂	沙特阿美石油公司	1.2
	合计		39.5

注:数据来源于美国能源信息署中信期货研究部。

(三)沙特阿拉伯油气运输

沙特阿拉伯是世界最大的石油出口国,2020年石油出口量达到349.1百万t,供应市场主要是美国、欧洲和亚洲(主要是中国、印度和日本),而且随着亚洲市场对原油的需求越来越大,沙特阿拉伯对亚洲的原油供应占比也在逐年增加,从2016年的65.76%提高到2020年的73.45%。

沙特阿拉伯的石油输出主要是船运,其港口出口装运能力约176.9万t/d,比当前的原油产能高,能够满足原油出口需求。其中,最大的石油出口港口是位于波斯湾的Ras Tanura港(出口能力达到88.4万t/d,是全球最大的海洋石油装载设施)。该港口包括两个原油终端:Ras Tanura(46.3万t/d,最大50万t级码头)、Rasal-Ju'aymahterminal(42.4万t/d,最大70万t级码头);其余的原油主要通过位于红海岸边的Yanbu港(89.8万t/d)出口。

此外,沙特阿拉伯有两条主要原油运输管道,一条是日运输能力为65.3万t的东-西原油运输管道,主要为西部的炼油厂或从红海直接出口至欧洲市场运输沙特阿拉伯轻质或超轻质原油;另一条是与之平行的日运输能力为3.7万t的Abqaiq-Yanbu液化天然气管道,为Yanbu的石化厂输送原油。

四、新加坡

根据2021年BP公司《世界能源统计年鉴》数据,亚太地区已探明的石油储量仅占世界的2.6%,产量也只占世界总产量的8.4%;已探明的天然气储量仅占世界的8.8%,产量仅占世界的16.9%,这就决定了亚太地区的石油天然气供需关系结构要呈现为自给率低、依赖进口程度高的特点。进入21世纪以来,亚太地区持续扮演着石油净进口的角色,亚太地区经济增长迅速,从而带动了油气工业的迅猛发展。随着炼厂产能的不断扩大,石油的进口也在逐渐增多,目前亚太地区已成为世界上最大的炼油中心,原油的加工量和炼厂产能位居世界第一。新加坡作为世界第三大炼油中心、世界石油贸易枢纽和亚洲石油产品定价中心,其自由贸易港定位下的油气工业发展模式,值得海南省借鉴。

(一)新加坡油气工业发展历程

新加坡国土面积狭小、没有规模性的天然资源产出,不具备发展石化产业的先天优势,但是经过新加坡政府不断地调整工业和产业的政策,并利用自身的地理优势,顺应国际经济形势,不断吸引外资,首创了以裕廊岛工业园区为主导的模式,逐步发展成为继荷兰的鹿特丹、美国的纽约之后的世界第三大炼油中心,也是众多发展中国家学习的标杆。

新加坡的炼化产业起步于20世纪60年代,新加坡政府抓住亚洲炼化市场蓬勃发展的契机,采纳了荷兰经济学家阿尔伯特·温斯敏(Albert Winsemius)团队为其设计的工业化方案,将石化工业定位为重点发展产业,并将国内经济发展主要职能定为"招商引资",大力集聚国外资本和技术,引进了大型跨国企业,使新加坡成为跨国资本的最佳根据地。其中,皇家壳牌公司于1960年根据新加坡的新兴工业(豁免所得税)法案的规定,在新加坡毛广岛上投资3000万美元建立了第一家石油产品的炼油厂(产能2721t/d),并于1961年正式启用;紧随其后,英国石油公司(1964年)、美孚石油公司(1966年)也在新加坡设立了炼油厂。1968年6月,新加坡政府成立裕廊镇管理局,统筹裕廊工业区和全国其他工业区的开发建设,并开始大量吸收外资,同时抓住全球产业布局重新调整机会,重点发展石化产业,直到1969年底,新加坡的炼油能力为2.4万t(据2021年BP公司《世界能源统计年鉴》数据),占亚太地区炼油总能力的3.1%、占世界炼油总能力的0.3%。

20世纪70年代是新加坡炼油产业快速发展阶段,炼油能力从1970年的3.9万t/d大幅提升到1979年的12.5万t/d,占亚太地区炼油总能力的7.7%,占世界炼油总能力的1.2%。1971年,美国埃索石油公司在新加坡成立,加快新加坡炼油产业的发展,同年,新加坡提出在裕廊岛建立石化专业区的构想(由于1973年出现的第一次世界石油危机令这个计划暂时搁置);1973年,英国石油公司与雪佛龙旗下加德士共同投资成立了新加坡炼油公司(Singapore Refinery Corporation)。在大型跨国企业的带动下,1974年新加坡成为世界第三大炼油中心,直到1975年,新加坡炼油能力达到12.6万t/d,占亚太地区炼油总能力的8.5%、占世界炼油总能力的1.3%。1977年,裕廊岛石化专业区建设被重新提上议事日程,新加坡设立了新加坡石油化学公司,负责该计划的实施。虽然1979年中东的政治形势急剧恶化,两伊战争爆发,出现了第二次世界石油危机,导致国际市场的石化产品需求萎缩,但也未能影响新加坡的石化专区计划。

进入20世纪80年代以后,新加坡的炼油工业经历了80年代前半期的衰退与80年代后半期的复苏两个阶段。1979年第二次世界石油危机爆发导致原油价格猛涨,80年代前半期世界石油需求萎缩,炼油业消沉,新加坡炼油业只勉强维持不到80%的开工率,炼油能力从1980年的14.5万t/d跌至1985年的13.2万t/d,占亚太地区炼油总能力的7.66%,占世界炼油总能力的1.33%;80年代后半期,原油价格回跌,世界经济有所好转,石油需求逐渐增加,新加坡炼油工业的主要市场——亚太地区因持续经济高增长,石油需求量的增长幅度居世界首位,使新加坡炼油工业迅速复苏。在此期间,新加坡先后成立了菲立普斯新加坡石化公司、新加坡聚烯烃石化公司、登卡新加坡石化公司、新加坡乙二醇石化公司、新加坡乙氧基石化公司、蒂特拉新加坡石化公司和库里哈新加坡石化公司等7家石化公司,炼油能力从1986年的13.1万t/d恢复至1990年的14.4万t/d,占亚太地区炼油总能力的7.87%,占世界炼油总能力的1.42%。

20世纪90年代,新加坡已成为东南亚地区炼油能力和石化生产能力最强的国家。1991年,为解决土地问题和离岛营运成本高的问题,新加坡政府开始对裕廊岛进行全面规划,投资约70亿新元(约51亿美元),通过填海造陆工程将本岛内部的7个小岛连成一片,使之成为新加坡发展石化产业的专用基地(该工程于2009年完成,比计划提前20年,给石化企业提供了一流的硬件条件)。新加坡炼油能力从1991年的14.8万t/d提高至1999年的17.0万t/d,占亚太地区炼油总能力的5.81%,占世界炼油总能力的1.51%。

进入21世纪以后,以裕廊化工岛建成启用为标志,新加坡油气石化产业发展进入高度聚集阶段。裕廊化工岛使得新加坡油气石化产业链进一步整合聚集——上下游公司可以通过公用管道将原料和产品直接卖给岛上的"邻居";蒸汽、供水、废物/水处理、工业消防、实验室、检测仪器、培训中心等基础设施,以及港口、码头、仓储等物流服务得以共享,企业入驻可以"即插即用",既创造了生产协同效应,发挥出高效的集群和一体化产业优势,又最大程度降低了企业的投资成本和物流成本。裕廊化工岛以约70亿新元(约51亿美元)的建设资金带动了逾500亿新元(约365亿美元)投资,全球100多家欧、美、日的石油、石化和特种化学品公司在此设立机构开展业务,为新加坡油气石化工业带来了高度集聚效应。经过几十年的发展,裕廊岛已成为新能源与油气石化产业重要基地与核心枢纽,埃克森美孚、巴斯夫、朗盛、壳牌等世界领先的能源和化工公司都落户在裕廊岛工业区,产业涉及炼油、化工、特种化学品和液体仓储等,形成了一个由跨国公司主导、本地企业参与的完整的石化产业集群。截至2020年,新加坡的炼油能力达到20.6万t/d,占亚太地区炼油总能力的4.15%,占世界炼油总能力的1.49%。新加坡石油化工产业历程见图2-24。

为了配合炼油能力,解决原油与成品油储存与转运问题,2006年,中国石油国际事业(新加坡)公司和新加坡新隆集团合资在裕廊岛上建设了包含73座总库容达228万m^3的油罐,以及12个包含5000t级至30万t级泊位的环宇油库。环宇油库投运以来,每年中转油品3000多万吨,进出船只4000多艘。

同时,为了节省用地,2014年9月,新加坡在裕廊岛地下130m处耗资9.5亿新元建成了东南亚第一个地下储油库。该储油库共有5个单独的储油空间,可以储存147万m^3的液态碳氢化合物,容量相当于600个奥林匹克游泳池。这是新加坡迄今为止建造最深的地下公共设施工程,同时也是新加坡开发地下空间、优化土地利用的一项突破性工程。

(二)新加坡石油炼化

在新加坡政府出口导向政策的影响下,新加坡的石化产业属于出口型产业,生产的石化产品除了少部分供国内的消费外,大部分均供出口,对新加坡经济起着重要作用。炼化的原材料从其他国家进口,经炼制加工成石油制品后除了出口以外,还为油气产业链的中下游企业提供生产石化产品和附加值更高的专用化学品的原料,推动新加坡的石化产品向精细化、高端化、高附加值化方向发展。

新加坡的炼油和石油化工产业主要集中在裕廊岛,目前,裕廊岛石化产业主要分为三大类:一是炼油和石油化工(乙烯、化纤)产业,代表企业有埃克森美孚、壳牌等;二是特殊化工和液体仓储产业,代表企业是三大专业储罐公司——孚宝、欧德油储、Tankstore;三是为集群提供服务的公用工程系统,代表企业有三巴旺公司、胜科天然气公司等。其中,炼油和石油化工产业以埃克森美孚公司(ExxonMobil)、皇家壳牌公司(Shell)和新加坡石化公司(PCS)为龙头,向下游发展合成树脂、乙二醇、芳烃等产品(表2-6)。

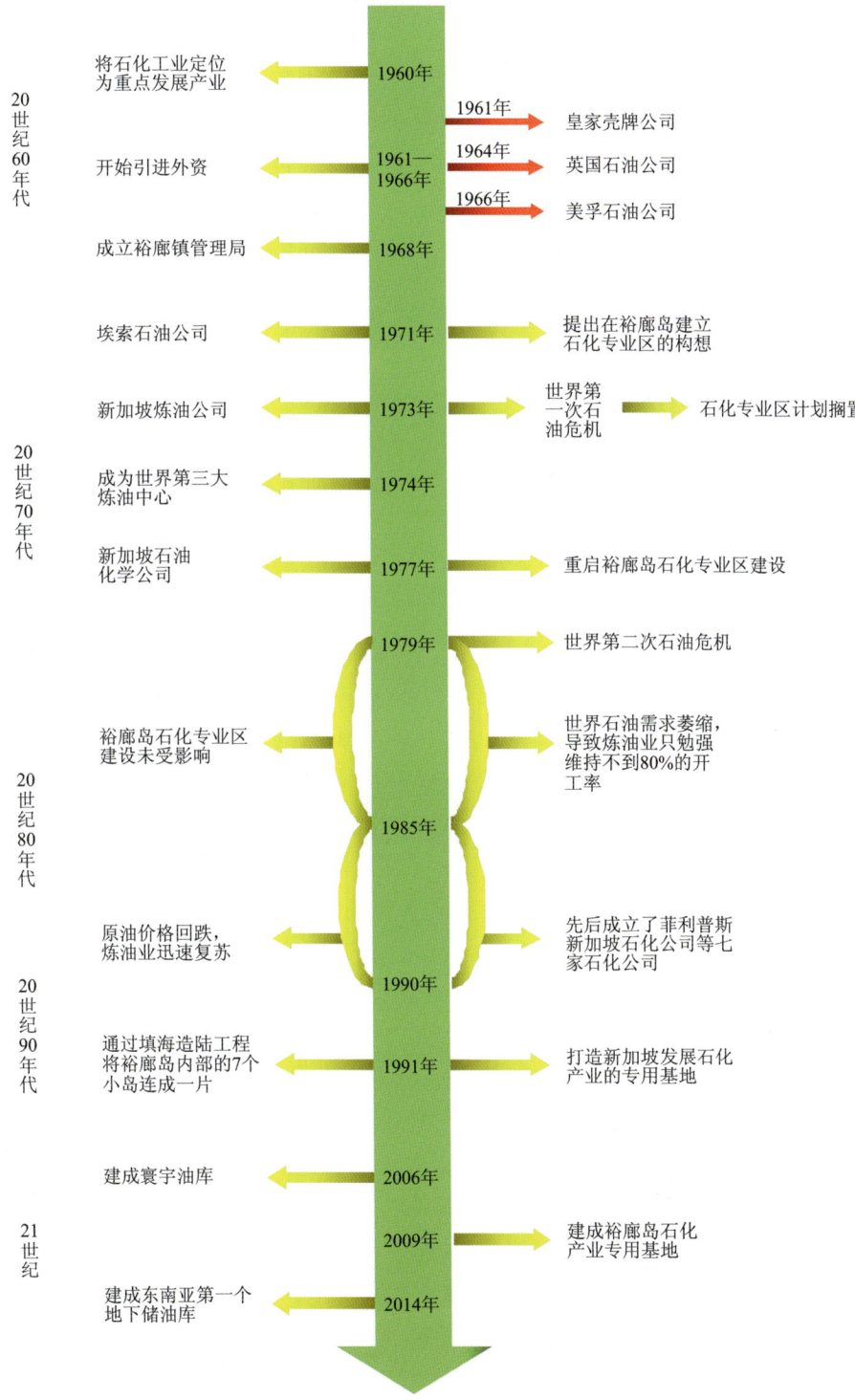

图 2-24 新加坡石油化工产业历程

表 2-6　新加坡主要大宗石化产品供应商产能情况(据陈慧敏,2021)

生产企业	主要生产装置
埃克森美孚公司	187.5 万 t/a 乙烯、185.5 万 t/a 聚乙烯、86 万 t/a 聚丙烯、143.5 万 t/a 纯苯、167 万 t/a 对二甲苯
皇家壳牌公司	110 万 t/a 乙烯、23 万 t/a 纯苯、103 万 t/a 乙二醇
新加坡石化公司	108 万 t/a 乙烯、27 万 t/a 纯苯
新加坡聚烯烃公司	27 万 t/a 聚乙烯、62.5 万 t/a 聚丙烯
雪佛龙菲利普斯化工有限公司	40 万 t/a 聚乙烯
新加坡 Prime Evolue 石化公司	30 万 t/a 聚乙烯
电化株式会社新加坡公司	20 万 t/a 聚苯乙烯
TPSC Asia 公司	10 万 t/a 聚苯乙烯
三井化学公司	30 万 t/a 苯酚、18.6 万 t/a 丙酮

(三)新加坡油气工业发展优势

新加坡的石油化工产业之所以能成功,除了占据得天独厚的地理位置之外,超前规划、科学决策、政策的支持也起到了很大的作用。

(1)良好的地理位置及基础建设:新加坡是因港而兴的国家,毗邻马六甲海峡南口,北临柔佛海峡,西有新柔长堤,南接新加坡海峡,是太平洋、印度洋两洋航道要冲,同时把持南海、爪哇海与马六甲海峡之间交通的咽喉,素有"东方十字路口"的美誉。裕廊岛位于新加坡西南部,拥有水深近 12m 的天然良港,并且在最初填海过程中充分预留出凹凸的港口海岸线,是后续码头建设的基石,给予了裕廊岛发展石化产业海运便利,有力地促进原油进口及石化产品出口。

(2)完善的自由港政策及优惠税收:首先,新加坡实行自由港政策,为投资企业提供方便和优惠,例如通过在新加坡中转的货物提供减免仓储费、装卸搬运费和货物管理费等方式,吸引世界各国船只公司,加大对外的往来贸易,进一步巩固新加坡在国际航运中心的地位,增加运输工具对油品的需求,由于港口贸易的繁荣,往来船只数量巨大,轮船、飞机需要的燃料油数量和品种不断增多,使新加坡本身成为国际上主要的燃料油消费市场;其次,新加坡通过制定《公司所得税法案》和《经济扩展法案》,推出诸多优惠政策,新加坡企业所得税为 17%,其边际税率是世界第三低,配合政府制订的激励、补贴等计划,企业纳税额将会更低,对于石化产业来说,化学品没有进口关税,且政府同意外资企业对当地工厂拥有 100%的所有权,并返还全部利润,这对外国大石油公司投资者特别是炼油业投资者来说是莫大的吸引。

(3)石化产业集群度高:新加坡石化产业的最大特征就是采取"化学群"战略,即通过集中投资而形成"化工簇群",企业之间形成上下游的合作关系互联互通,物料通过管道在园区内输送,企业之间共享基础设施和公共工程,在最大程度上降低原料和产品的物流成本和企业的投资成本;产品之间的相互链接,同时又产出许多衍生产品(例如,Shell 生产的苯乙烯和环氧丙烷可以供应 Denka Sinapore 和 TPSC Asia 生产聚苯乙烯或者供应给住友化学等生产丁苯橡胶;新加坡丙烯酸公司生产的粗丙烯酸可以供应给 Toagosei Singapore 生产丙烯酸酯,再供给住友化学精化生产高吸水性树脂),形成一个"大而全"的石化产品供应基地和上下游产业一体化的发展模式。新加坡石化产业集群获得了单个企业所不具备的循环经济、集聚经济和知识溢出创新优势,详细情况见表 2-7。

表 2-7 新加坡部分石化产品生产企业及产能情况(据 IHS Markit,2021)

石化产品	生产企业	产能/(万 t·a^{-1})
高密度聚乙烯(HDPE)	雪佛龙菲利普斯化工有限公司(CPCHEM)	40.0
线性低密度聚乙烯(LLDPE)	ExxonMobil	185.5
	新加坡 Prime Evolue 石化	30.0
低密度聚乙烯(LDPE)/乙烯-醋酸乙烯共聚物(EVA)	新加坡聚烯烃 TPC	27.0
聚丙烯(PP)	ExxonMobil	86.0
	TPC	62.5
乙二醇	Shell	103.0
苯乙烯	Seraya 化学(Seraya Chemical)	35.0
	新加坡东方石化(Ellba Eastern)	55.0
环氧丙烷	Seraya Chemical	17.5
	Ellba Eastern	25.0
聚苯乙烯(PS)	Denka Singapore	20.0
	TPSC Asia	10.0
苯酚、丙酮	三井化学	30.0、18.6
双酚 A	三井酚类	18.0
丙烯酸	新加坡丙烯酸酯私人有限公司	7.3
丙烯酸酯	Toagosei Singapore	2.2
SAP	住友精化	6.9
聚甲基丙烯酸甲酯(PMMA)	住友化学	15.0
丁苯橡胶	朝日化学	13.0
	住友化学	4.0
	瑞翁株式会社	7.0
丁基橡胶	阿朗新科(ARLANXEO)	10.0
	ExxonMobil	14.0

(4)运营模式以外资及合资为主:裕廊岛作为化学品生产基地吸引了众多的跨国公司前来投资,其石化企业几乎全部掌握在欧洲、美国及日本的大石油石化公司手中,因此,以外资和合资为主的商业模式也使得新加坡石化产业在生产技术方面更具先进性。同时,新加坡将自身的"招商引资"定位为一站式服务机构,为企业和投资者提供包括企业注册、政策与法律咨询、税费谈判,以及土地、供水、电力、环境、安全等方面的解决方案,减少引资招商落地的冗余环节。

(5)主张"多层次贸易战略",促进贸易投资自由化:新加坡石化产业是典型的出口导向型,国内消费市场容量较小,其发展十分依赖贸易和外资,因此区域经济合作所带来的贸易投资便利化对新加坡的石化产业发展具有至关重要的作用。新加坡力求建立全面而高质量的多边自由贸易体制,来实现石化产品出口市场多元化,确保本国的石化产业拥有稳定而持续的出口市场(图 2-25)。因此,在多边、双边和区域等各层面积极推动自由贸易协定,新加坡已经与石油、石化产品主要出口目的地如日本、美国、澳大利亚、东南亚各国及中国等国家签署了自由贸易协定,其中,中国是新加坡第一大贸易伙伴和出口市场,2020年,新加坡出口到中国的聚乙烯和聚丙烯分别为 119.69 万 t 和 35.78 万 t,呈逐年上涨趋势。

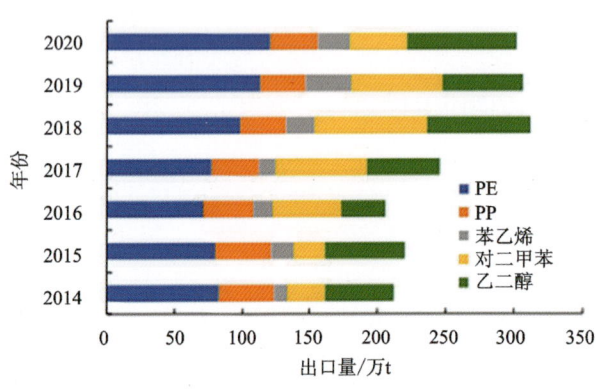

图 2-25　2014—2020 年新加坡出口到中国的主要石化产品出口量(据陈慧敏等,2021)

(6)特色高端产品突出,石化产业向技术密集型发展:在新加坡石化产品的主要出口分布中,中国的占比逐年增加(图 2-26),而中国石化产业的发展及欧美、中东等地区对中国石化产品的输出给新加坡石化工业带来了较大的竞争压力。在此背景下,新加坡石化产业及时调整发展战略,通过对外投资将劳动密集型产业向外转移(主要向泰国、印度尼西亚和马来西亚等东盟国家转移),专注于向高利润、高附加值的技术密集型产品的转型,产品逐步向高端化发展,特别是中国目前尚处于空白的产品。此外,新加坡大部分石化企业也投资建设了船用涂料、电子化学品等高附加值产品项目,促进新加坡石化产业向新材料和精细化学品等高端产业链延伸。

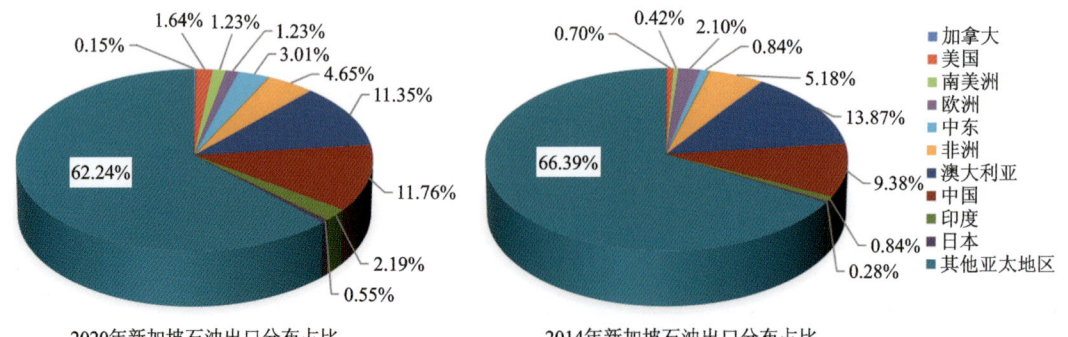

图 2-26　2014 年和 2020 年新加坡石油出口分布对比图(数据来源:《世界能源统计年鉴》,BP 公司,2021)

(7)设立国际金融交易所,提升话语权:新加坡国际金融交易所是亚洲第一家能源期货交易市场。新加坡油品市场的价格行情,在亚洲的能源交易商中是十分重要的基准价格。这种话语权源自新加坡强大的炼油能力和集散交易能力。同时,近年来新加坡新建和扩充的周边油库,具备超过1361万t原油及成品油的储存和集散能力,因此吸引了全球50多家大型石油公司在此设置经营总部和数百家中小型石油贸易公司全天候交易集散。因此,新加坡掌控了亚洲油品市场价格行情,成为亚洲石油产品的定价中心。

(8)人才引进与培养双措并举:为支撑本国石化产业发展,新加坡通过引进有实力的跨国企业,引入高级工程师、职业经理人、技术人员等,并且根据产业发展需要,由政府部门成立"联系新加坡"作为专门的人才引进部门,并在全球设立分支机构,有计划地重点招揽行业精英。此外,新加坡格外注重本土劳动力向高素质、高技能、高附加值方向发展,通过在高校设立相关专业,由政府资助在企业内部设立培训中心,通过安排学员在企业合办研发中心实习等方式为企业培养其所需的技术人才,实现跨学科与多元技术相互配合,为企业降低项目开发成本、提高项目质量及产品性能等提供解决方案,真正做到产学研密切结合。

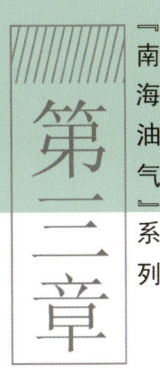

"南海油气"系列

第三章

工业血液 保障国民经济安全

第三章 工业血液 保障国民经济安全

石油被称为"国民经济的血液",是国家的重要战略资源,在国家经济安全中发挥着战略支撑作用。2018年7月21日,习近平总书记作出了大力提升勘探开发力度,保障国家能源安全的重要指示。近年来,我国相关部门、地方和石油企业协同配合,面对新型冠状病毒感染疫情和低油价双重影响,攻坚克难,推动油气增储上产,在大力提升油气勘探开发力度工作上取得举世瞩目的重要进展。

第一节 我国油气分布

我国油气资源丰富,据2015年全国油气资源动态评价数据,总石油地质资源量为1 257.13亿t,总天然气地质资源量为90.29万亿 m^3 。

我国石油资源分布相对集中,其中陆上石油地质资源量为1 018.10亿t,占全国总资源量的80.99%,主要分布在松辽、渤海湾、塔里木、准噶尔和鄂尔多斯、羌塘、柴达木7个盆地;近海石油地质资源量为239.03亿t,主要分布在渤海、珠江口、琼东南、北部湾4个盆地(图3-1)。

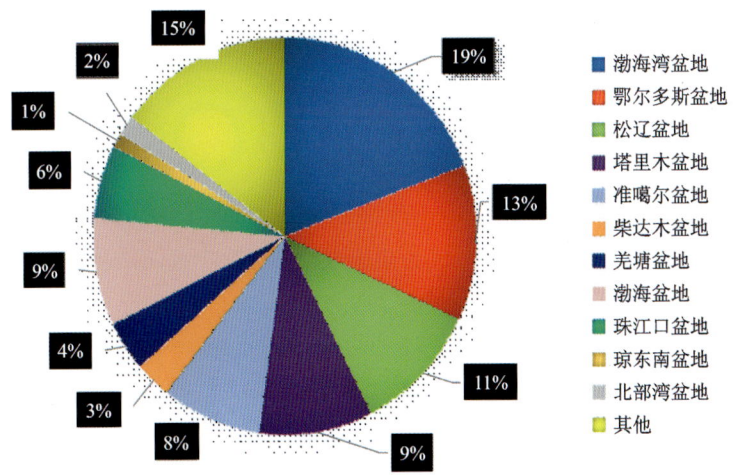

图3-1 我国石油资源分布(据2015年全国油气资源动态评价)

我国天然气分布相对集中,其中陆上天然气地质资源量为69.44万亿 m^3 ,占全国总资源量的76.91%,主要分布在四川、塔里木、鄂尔多斯、松辽、柴达木、准噶尔、渤海湾等盆地;近海天然气地质资源量为20.85万亿 m^3 ,主要分布在琼东南、莺歌海、珠江口、渤海等盆地(图3-2)。

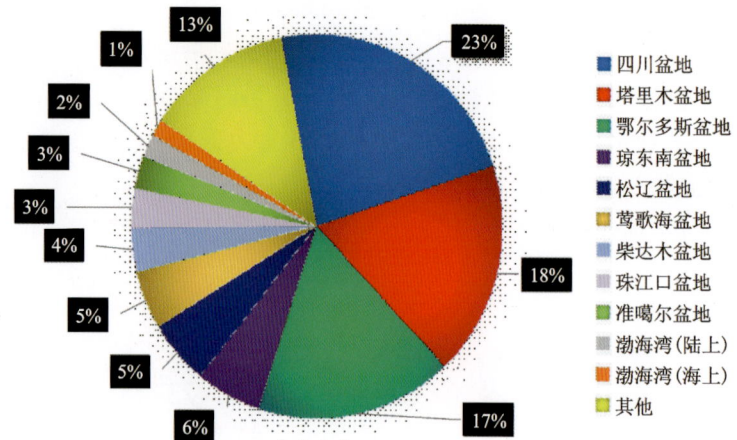

图 3-2　我国天然气分布（据 2015 年全国油气资源动态评价）

第二节　我国油气工业发展历史

一、我国石油工业发展史

我国油气工业是古老的事业，油气的发现和利用可追溯到 2000 年以前。新中国成立以后，随着技术的发展，油气工业逐渐崛起，成为我国现代能源生产的一个重要支柱产业（图 3-3）。

1. 恢复发展期（1952—1959 年）

1949 年 5 月 25 日玉门油矿解放，我国的石油工人以主人翁的姿态，迅速投入恢复和发展生产。经过三年恢复，到 1952 年底，全国原油产量达到 43.5 万 t，为 1949 年的 3.6 倍，其中天然油 19.54 万 t，占原油总产量的 45%，人造油 24 万 t，占原油总产量的 55%。生产汽、煤、柴、润四大类油品 25.9 万 t，比 1949 年提高了 6 倍多。1959 年玉门油矿建成一个包括地质、钻井、开发、炼油、机械、科研、教育等在内的初具规模的天然气石油工业基地，当年原油产量也提升至 140.5 万 t。玉门油矿作为我国第一个五年计划期间油气工业建设的重点，为我国发展石油工业立下了不可磨灭的功绩。

我国的石油勘探首先在西北地区展开。1955 年 10 月，克拉玛依第一口井——克 1 井喷油，随后我国集中力量在大盆地和地台上进行区域勘探，并于 1956 年探明了克拉玛依油田，实现了中华人民共和国成立后石油勘探上的第一个突破。克拉玛依油田的开发建设，无疑给我国的石油产业发展注入了强大的动力。同年,我国建设了兰州化学公司,并以石油气为原料,采用砂子炉技术建成了我国第一套乙烯工业化生产装置,使我国石油炼化工业走上新台阶。1958年,青海石油勘探局发现并探明了冷湖5号、4号和3号油田。同年,石油部组织川中会战,发现南充、桂花等7个油田,结束了西南地区不产石油的历史。直到20世纪50年代末,我国已初步形成玉门、新疆、青海、四川4个石油天然气基地。1959年,全国原油产量达到373.3万t。炼油工业方面先后扩建,新建了上海、克拉玛依、冷湖、兰州、大连等8个年加工能力为10万~100万t的炼油厂,生产汽、煤、柴、润四大类油品234.9万t,主要石油产品自给率达到40.6%。

2. 历史崛起期（1960—1978年）

1960年3月,一场关系我国石油工业命运的大规模的石油会战在大庆揭开了序幕。石油工人们克服重重困难,科学开展综合研究并进行技术攻关,解决了一系列重大技术难题,取得了决定性的胜利。1963年,我国的原油产量达到648万t,基本实现自给。大庆油田的开发,原油产量的急剧增长,需要我国炼油工业的同步发展。1963—1965年,我国先后攻下了被喻为"五朵金化"的硫化催化、铂重整、延迟焦化、尿素脱蜡以及配

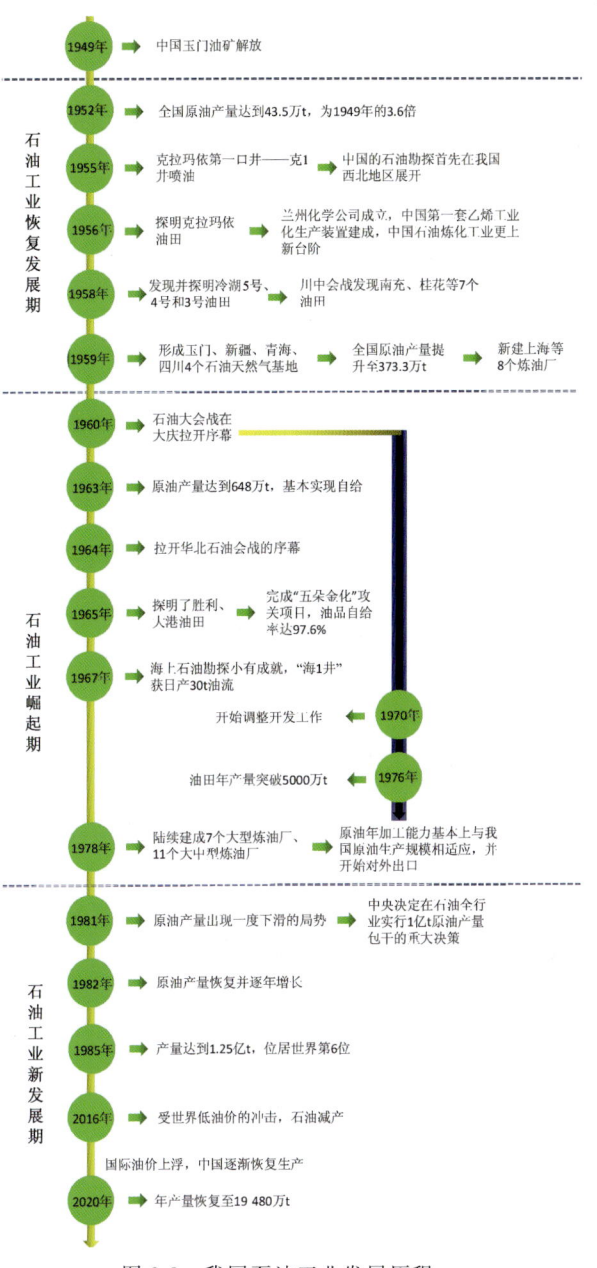

图 3-3　我国石油工业发展历程

套所需的催化剂、添加剂等5个攻关项目,缩小了同当时国外炼油技术水平的差距。1965年底我国生产汽、煤、柴、润四大类油品617万t,石油产品品种达494种,油品自给率达97.6%。

1964年,经中央批准在天津以南、山东东营以北的沿海地带,拉开了华北石油会战的序幕。1965年,山东和天津探明了胜利油田、大港油田,直至1978年这两个油田的原油年产量达到约2000万t和315万t。1970年4月,大庆油田开始调整开发工作,1976年大庆油田年产量突破5000万t,为全国原油年产上1亿t打下了基础。

这段时期内,我国陆续兴建了茂名、大庆、南京、胜利、东方红、荆门、长岭等7个大型炼油

厂,以地方为主先后在天津、武汉、安庆、浙江、广州、九江、乌鲁木齐、吉林、鞍山、石家庄、洛阳等 11 个地方建成了大中型炼油厂。到 1978 年,全国原油年加工能力已达 9291 万 t,基本上与我国原油生产规模(据《世界能源统计年鉴》,当年原油产量为 10 410 万 t)相适应。当年实际加工原油 7069 万 t,生产四大类油品 3352 万 t,品种达 656 种。我国利用国内自主开发和国际引进的技术,快速提升原油产量,保证了国内的需求,缓和了能源供应的紧张局面,还开始对日本等国出口,为国家换取了大量外汇,为我国石油工业的发展奠定了基础。我国的炼化行业蒸蒸日上,1997 年底我国的合成纤维生产能力居世界首位,原油加工能力居世界第四位,乙烯产量居世界第五位,成为世界石化工业大国。在陆上石油快速发展时期,海上石油事业在 1967 年只迈出了标志性的一小步,我国第一口海上出油井"海 1 井"获日产 30t 油流。

3. 新发展时期(1979 年至今)

1978 年 12 月,中国共产党第十一届三中全会作出了把全党工作重点转移到社会主义现代化建设上来的战略决策,标志着我国的石油工业从此进入了一个新的发展时期。1978 年以后,我国的原油产量曾出现一度下滑的局势(1981 年,我国的原油年产量为 10 120 万 t,比 1979 年下降了 4.7%),为了扭转这一局势,中央决定首先在石油全行业实行 1 亿 t 原油产量包干的重大决策。这一决策使我国原油产量从 1982 年起恢复并逐年增长,到 1985 年达到 1.25 亿 t,位居世界第六位。2015 年,我国的石油产量达到近年来的最大值,为 21 460 万 t。随后受世界低油价的冲击,我国石油实施减产,2018 年跌至 18 910 万 t,相较于 2015 年下跌 11.88%。2018 年之后随着国际油价的上浮,我国石油逐渐恢复生产,2020 年恢复至 19 480 万 t,相较于 2018 年上升 3.10%。

二、我国天然气工业发展史

我国的天然气工业历史悠久。进入新中国后,我国的天然气工业历经了 3 个阶段的跨越式发展(图 3-4)。

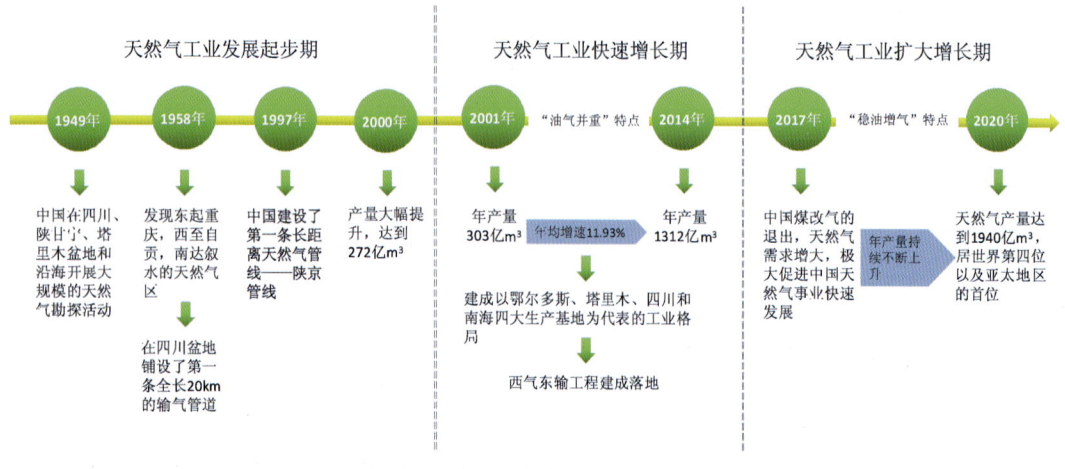

图 3-4 我国天然气工业发展历程

1. 发展起步期

从 1949 年到 2000 年为我国天然气发展的起步期。从四川地质勘探开始，延伸至陕甘宁和塔里木盆地和沿海地区，我国进行了大规模的天然气勘探活动。1958 年发现了东起重庆、西至自贡、南达叙水的天然气区，同年，在四川盆地铺设了第一条输气管道（全长 20km，从永川黄瓜山气田输气到永川化工厂），1997 年我国建设了第一条长距离的天然气管线——陕京管线（长 918km，主要是把天然气输送到北京）。我国的天然气年产量从 1949 年的 1 亿 m^3 增长到 1976 年的 101 亿 m^3，2000 年达到 272 亿 m^3。

2. 快速增长期

从 2001 年开始，我国的天然气进入新时代，即进入快速增长期，年产量由 303 亿 m^3 快速增长到 2014 年的 1312 亿 m^3，年均增速 11.93％；建成以鄂尔多斯、塔里木、四川和南海四大生产基地为代表的工业格局，西气东输工程也仅用了两三年就建成落地，并且在靖边和陕京管线相连接，可以同时向北京、天津供应天然气；我国油气工业在这一时期呈现"油气并重"的特点，为即将踏进"稳油增气"的新时期做好铺垫。

3. 扩大增长期

随着我国经济快速发展，天然气在国内的需求越来越大，我国的天然气产量持续不断上升。2017 年底，我国煤改气的退出，导致我国北方很多地区出现天然气紧缺势头，同时也极大地促进了我国天然气工业的快速发展。截至 2020 年底，我国天然气产量达到 1940 亿 m^3，居世界第四位以及亚太地区的首位，占整个亚太地区天然气产量的 29.75％。

第三节　我国油气贸易

自 1993 年我国成为石油净进口国以来，1994 年到 2020 年之间我国石油进口量增加了接近 52 倍，从 1235 万 t 跃升至 6.39 亿 t，成为全球石油进口量最大的国家。我国石油进口数量稳步增加的总趋势基本反映了国内经济快速发展需求的增加（图 3-5）。

我国的石油贸易主要以进口原油、出口成品油为主。西北大学中东研究所分析，我国的原油进口有明显的地区性分布差异，这是由全球原油储备、生产和世界政治格局共同决定的（图 3-6）。其中，中东、非洲、独联体与中南美洲地区是世界主要产油区，也是我国进口原油的主要来源区域。目前我国在有意识地避开战略竞争对手（美国所在的北美洲），同时加大非洲与独联体地区的进口，这是我国与这两个地区之间传统政治纽带、现实能源需求与当前战略机遇相互影响、共同促进的结果。此外,我国也与中东和中南美洲保持良好外交关系,使我国现有的原油进口又具有一定的稳定性。通过特色石油外交,我国的原油进口需求能够与产油国的需求形成良性互动,反过来也能够进一步巩固双边关系并扩展我国的外交格局。同时,我国的炼油能力在持续提高,每年炼制出来的成品油都会过剩,为了能够平衡我国境内的市场,同时能够获取相应的利润,我国每年会有少部分成品油出口,其中有77%主要出口至亚太地区(图3-7)。

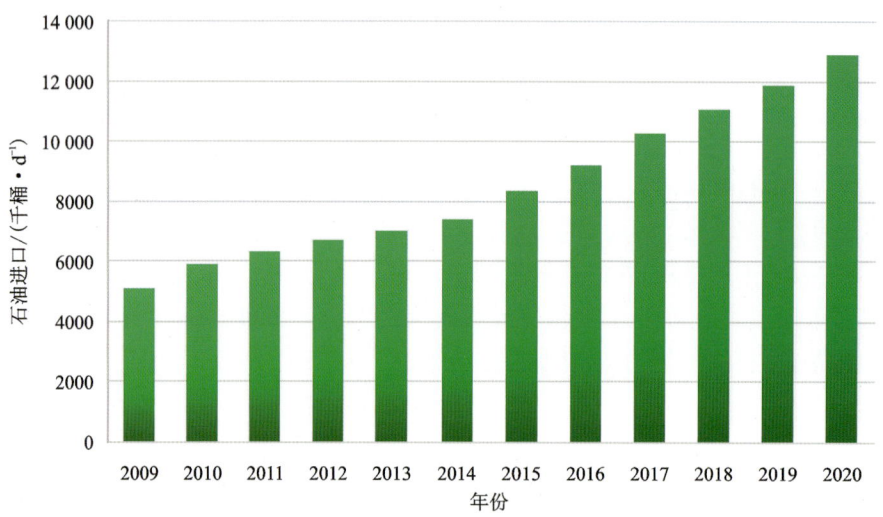

图3-5　2009—2020年我国石油进口量变化(数据来源:《世界能源统计年鉴》,BP公司,2021)

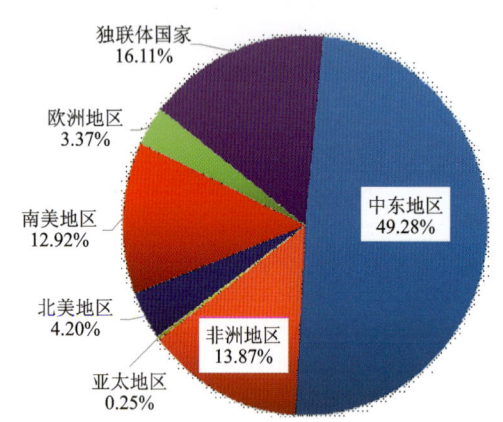

图3-6　2020年我国原油进口来源分布
(数据来源:《世界能源统计年鉴》,BP公司,2021)

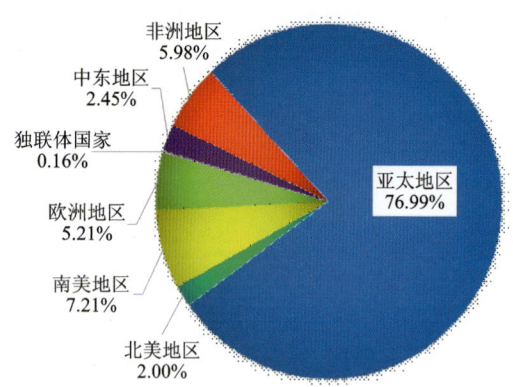

图3-7　2020年我国成品原油出口分布
(数据来源:《世界能源统计年鉴》,BP公司,2021)

我国是天然气第一进口大国,自2016年以来,在宏观经济平稳运行和环保政策(主要是煤改气政策不断推进)的影响下,我国天然气进口持续稳定增加,在2020年达到1391亿m^3(2020年,虽然疫情叠加国际油价暴跌,国际天然气市场遭受重击,价格显著下降,但激发了我国买家采购积极性,同时随着我国有效防疫措施的实施,企业有序复工复产,我国天然气需求保持较快增长),相比2016年增长了89%,尤其是LNG进口量增长幅度最大,在2016—2020年间以年均26.42%的涨幅逐年攀升(图3-8)。

第三章 工业血液 保障国民经济安全

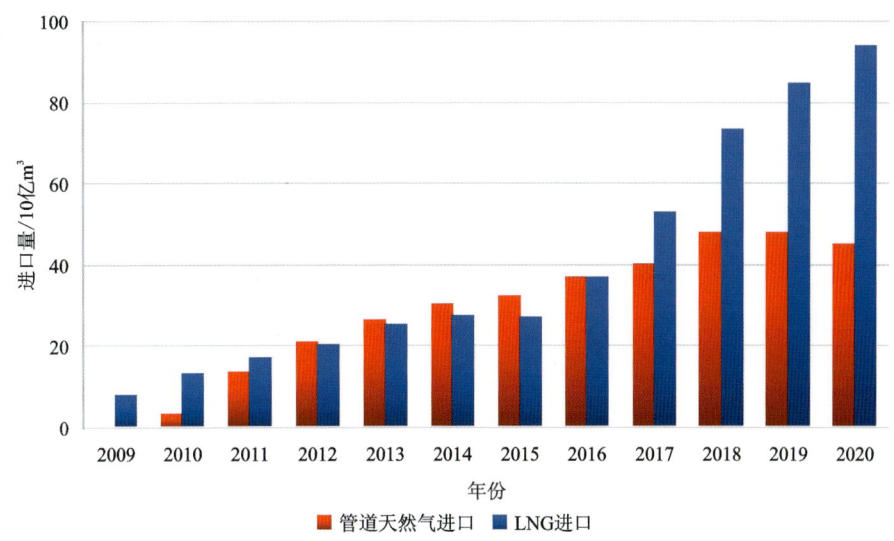

图 3-8 2009—2020 年我国天然气进口量变化（数据来源：《世界能源统计年鉴》，BP 公司，2021）

目前，我国进口管道天然气的价格一般是长期合同价格，供需双方可以定期进行价格复议；而进口 LNG 价格包括长期协议价格和短期现货价格两种。在未来，我国 LNG 进口的比例将逐步加大，且随着天然气进口充分多元化，利用现货贸易市场价购买的 LNG 将逐步加大，但通过长期协议价进口的天然气仍将居主导地位。

第四节　我国炼化工业

近年来，我国石油炼化行业健康可持续发展既面临着严峻的挑战，也有着难得的机遇。一方面，经济下行压力持续加大的风险尚存、不确定性因素变化无常、环境压力难以短期缓解、油气对外依存度持续攀升、结构性过剩的这五大挑战依然严峻；另一方面，在国际经济环境谨慎乐观、国内经济弹性空间充足、我国炼化工业发展潜力巨大等方面也有着难得的发展机遇。

2010 年，是我国"十一五"的收官之年，我国克服了高油价、政策性亏损和国际金融危机等多方面的困难，通过对炼油厂的改扩建和新建相结合，炼油能力迅速提升，炼厂产能从 2005 年的 97.5 万 t/d 快速增加至 2010 年 167.7 万 t/d，增幅 72%，成为仅次于美国的全球第二大炼油国，也成为 21 世纪全球炼油能力增长最快的国家；石油加工量从 2005 年的 80.5 万 t/d 提升至 2010 年的 114.4 万 t/d，增幅 42.12%，油品质量也迅速提升（中石油和中石化等油企根据国家和地方政府新的汽柴油质量标准要求，有序推进产品质量升级，建设了一批质量升级项目,到 2010 年 7 月 1 日所产汽油都已达到中国第三阶段汽车排放标准,硫含量进一步降至 150mg/L),形成多种所有制形式并存、内外资兼有的国内炼油工业新格局。

"十二五"期间,是我国炼油工业转变增长方式、由大走强的关键时期。虽然我国的炼油产能呈结构性过剩局面,但是不影响炼油总规模和原油加工量的持续扩大,炼化大型化、一体化、集约化也取得较大进展,油品质量升级加快,多元化市场竞争格局得到进一步发展。炼厂产能从 2011 年的 177.1 万 t/d 快速增加至 2015 年 204.4 万 t/d,增幅 15.44%;石油加工量从 2011 年的 118.2 万 t/d 提升至 2015 年的 147.3 万 t/d,增幅 24.61%。但是,"十二五"期间炼厂产能的快速增加导致我国在 2015 年出现产能严重过剩的情况,当年我国炼厂的平均开工率只有 68.5%,比国际水平低 14.8%,因此我国在 2015 年开始加快核减无效低效产能,逐渐淘汰一定规模的产能落后的地方炼厂,这也是我国炼厂产能出现首次小幅度下降的主要原因,炼厂产能比上一年减少了 3.1 万 t/d,跌幅 1.5%。

"十三五"期间,全球炼油工业整体处于金融危机以来较高水平,同时也是我国炼油工业开启市场化改革与转型发展新阶段,炼油产能扩张逻辑由增数量转向重质量,扩张速度放缓。"十三五"期间开启大型炼化投产潮,产能从 2016 年的 202.7 万 t/d 快速增加至 2020 年 227.1 万 t/d,增幅 12.06%,虽然炼厂产能增量低于"十一五"期间和"十二五"期间,但是千万 t 级产能以上的炼厂的数量逐渐增加,个数由 2015 年的 25 座提高至 2020 年的 28 座。石油加工量从 2016 年的 153.8 万 t/d 提升至 2020 年的 188.5 万 t/d,增幅 22.58%。油品质量升级基本完成,炼油工业水平与国际水平接轨。尤其是汽柴油质量完成了从中国第四阶段汽车排放标准(国Ⅳ标准)到中国第六阶段汽车排放标准(国Ⅵ标准)的跃升,甚至个别指标严于欧洲第六阶段汽车排放标准(欧Ⅵ标准)。清洁油品生产能力大幅提升,对减少环境污染、改善大气质量作出了重大贡献(图 3-9)。

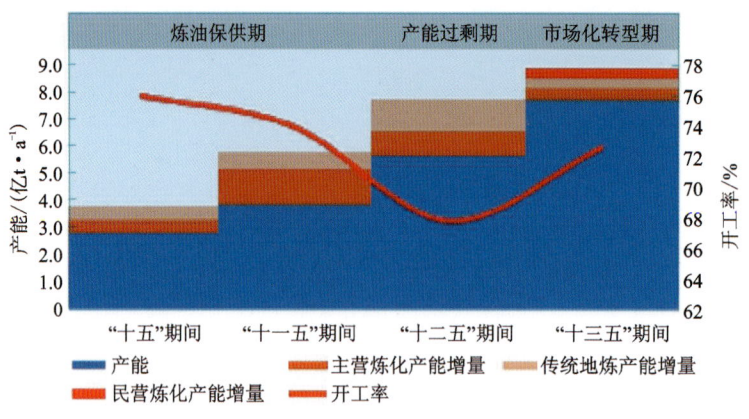

图 3-9 全国炼油产能及新增产能变化
(数据来源:中国石化集团经济技术研究院有限公司,2020)

"十四五"时期我国炼油工业步入了提质增效、转型升级和高质量发展阶段。同时,碳达峰目标和碳中和愿景的提出,促使石油石化企业加快由产能扩张向绿色低碳转型发展。疫情对国内炼油工业发展影响整体小于国际市场,炼油工业呈现大型化、一体化、园区化,形成高质量转型发展新局面。

第五节 我国油气运输

油气管网是我国重要的基础设施和民生工程,是油气上下游衔接协调发展的关键环节,是现代能源体系和现代综合交通运输体系的重要组成部分。近年来,伴随着我国油气消费量和进口量的增长,油气管网规模不断扩大,建设和运营水平大幅提升,基本适应经济社会发展对生产消费、资源输送的要求。2019年12月9日成立的国家石油天然气管网集团有限公司(简称"国家管网集团")打破石油石化行业的一体化垄断,对现有的市场格局将形成巨大的冲击,有利于促进油气市场竞争、激发行业的发展活力,为油气管网设施的建设奠定了新的基础。截至2020年底,我国油气管网基本形成连通海外、横跨东西、纵贯南北的油气骨干管网布局。

目前,我国长输油气管网总里程约16.5万km,其中原油管道3.1万km,"西油东进、北油南下、海油登陆"的总体流向基本稳定;成品油管道3.2万km,"西油东送、北油南运、沿海内送、周边辐射"的总体流向更加稳固;天然气管道10.2万km,"西气东输、北气南下、川气东送、海气登陆"的整体流向保持稳定,四大天然气进口通道进一步完善,中东部地区干线管网输气能力显著提升;累计建成LNG(液化天然气)接收站22座,LNG接收能力达到9065万t。累计建成地下储气库(群)14座,总设计工作气量240亿m^3,形成工作气量159亿m^3。

"南海油气"系列

第四章

开发南海　供应低碳清洁能源

第四章　开发南海　供应低碳清洁能源

我国海洋石油工业是从南海北部莺歌海开启的,从 1956 年发现油气苗开始,探索阶段艰难而漫长,直到 1983 年才获得首个商业大发现——崖城 13-1 大气田。

改革开放总设计师邓小平十分关注海南石油天然气的开发。1984 年,邓小平会见美国著名企业家哈默时说:"我们决定开发海南岛,利用天然气还可带动其他行业"。1987 年,邓小平与南斯拉夫共产主义者联盟中央主席团委员斯特凡·科罗舍茨交谈时说:"海南岛和台湾的面积差不多,那里有许多资源,有富铁矿,有石油天然气,还有橡胶和别的热带亚热带作物。海南岛好好发展起来,是很了不起的。"

海南省的油气炼化化工气电产业,正是起步于 1996 年 1 月崖城 13-1 大型优质天然气田的正式投产开采,于 2 月 23 日供气的三亚南山气电厂和 4 月 29 日供气试生产,并于 1997 年 1 月 9 日正式投产海南(东方八所)富岛天然气化肥厂。往后,随着中海油总公司暨其中外合作公司在海南岛周边已探明各油气田的先后开采(发)就近上岸,以临港的城镇为依托,以大型港口八所、洋浦为重点,以市场为导向,以环保为前提,以综合效益为目标,分别在海南岛的三亚南山、东方八所、澄迈老城、文昌清澜,以及由中国石油化学总公司于 2006 年起从外国(中东、南非等)进口的原油船运至洋浦等临港工业园区,投巨资建设以原油、凝析油和天然气为主要原料的高科技、高附加值系列深加工产业。自 1996 年以来,海南省曾经历体制机制改革创新,产业从无到有、由小变大、自弱渐强,产品链不断配套延长,且已建成初具规模、相互关联、衔接有序、优质高效、集约环保、较为完整的新型油气化工气电产业体系。

第一节　天然气产销

海南利用的南海油气资源主要以天然气为主,原油炼化的原材料则主要依赖进口。天然气利用形式主要有天然气化工、天然气发电以及民用天然气。

自崖城 13-1 大气田后,海南岛周遍发现了莺歌海盆地、琼东南盆地,又陆续发现建成东方气田群、乐东气田群和陵水气田群,源源不断为海南省和粤港澳大湾区提供清洁能源。据统计,截至 2022 年底,莺-琼盆地已累计开采近 1200 亿 m^3 天然气,2022 年开采量近 80 亿 m^3(图 4-1),而据《2022 年海南省生态环境状况公报》,2022 年海南省天然气消费量 53.1 亿 m^3,同比增长 5.4%。就海南而言,特别是随着深海一号能源站一期产能的进一步释放和二期的建成投产,天然气供过于求的局面将进一步扩大。

20 世纪 80 年代末,中海油总公司就看好珠三角区域天然气下游市场,加大对天然气的勘探力度,把勘探莺-琼盆地建设莺-琼大气区作为"八五规划"的五大战略之一。在崖城 1-3 建设期,铺设了从该气田到香港的输气管道,长期稳定向香港地区供应天然气。此后,勘探开发的各个气田的天然气均通过不断完善的天然气管网源源不断地输往三亚、珠海、香港等地,满足粤港澳大湾区和海南省建设的用能需求。因此,海南省周边各大气田除了向海南省供应天然气外,还承担着保障粤港澳大湾区清洁能源的需求。

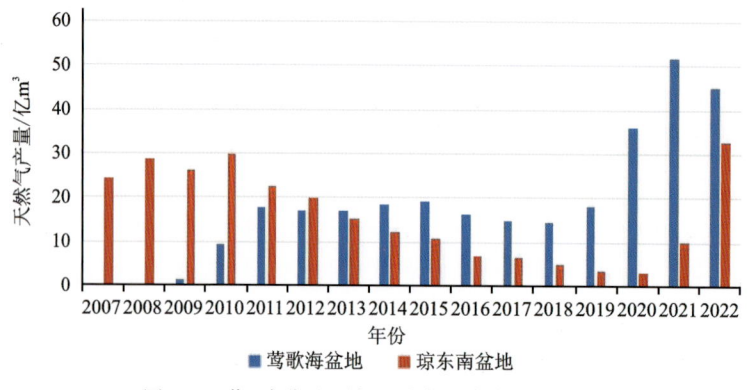

图 4-1 莺-琼盆地历年天然气生产情况统计图

第二节 气化海南

海南岛周边分布着四大盆地——珠江口盆地、琼东南盆地、莺歌海盆地和北部湾盆地,其中莺歌海盆地与琼东南盆地蕴藏着丰富的天然气资源,截至 2022 年底,天然气累计探明地质储量近 6000 亿 m^3,为海南省和粤港澳大湾区提供了持续充足的清洁能源保障。

2016 年 3 月 16 日,海南省印发《海南省国民经济和社会发展第十三个五年规划纲要》,提到:实施"气化海岛"工程。2017 年底前完成文昌—琼海—万宁—陵水—三亚的天然气干线管道建设,形成全省天然气环岛主干网。到 2020 年,建成"田"字形供气管道,大幅提高全岛天然气普及率,市县全部纳入全省天然气管网,实现县县通管道气,全省城镇燃气气化率达到 98% 以上。这是第一次正式提出"气化海岛"战略。

2021 年 1 月 28 日海南省第六届人民代表大会第四次会议审查批准的《海南省国民经济和社会发展第十四个五年规划和二〇三五年远景目标纲要》进一步要求,推进"气化海南"建设,到 2025 年,新建天然气主干管道及配套管道 700km、城镇燃气管道 1300km,全面建成"田"字形输气主网络结构,实现"县县通管道"和城乡燃气全覆盖,天然气消费占一次能源消费比重提升至 30% 左右。并在协同推进油气勘探开发、扎实推进油气储运基础设施建设、着力推进油气体制改革等方面提出了明确要求,部署了油气开发、油气管网建设、接收储备、服务保障等重点工程。

2022 年 10 月,海南省自然资源和规划厅会同海南省发展和改革委员会、省工业和信息化厅印发《海南省油气产业发展"十四五"规划》。将"培育壮大天然气消费市场"列为重点任务，要求贯彻海南省能源综合改革方案，积极发展天然气电厂、天然气热电联产以及天然气分布式能源等项目，加快布局 LNG 加注业务，扩大园区供气和城市燃气业务，积极开拓岛外市场，打造一流的"产品+服务"清洁能源综合供应商；扩大天然气化工生产能力，提升天然气化工/化肥的产品比例。在天然气发电领域、交通领域、燃气领域、工业领域以及拓展岛外市场方面都做了相关部署。

2021 年 7 月，海南环岛管网文昌—琼海—三亚输气管道正式投产供气，与前期已运营的省内西部管网连接，实现了海南省天然气骨干管网由"C"形向"O"形升级转换，提升了海南省天然气供应的可靠性和稳定性，结束了海南省东部沿海地区没有管输天然气供应的历史，海南省城乡用气基本实现全覆盖。

2022 年下半年，大唐海口输气管道、洋浦石化功能区输气管道等支线工程相继投产通气，进一步提升了海南环岛管网系统的供气能力，优化了资源配置。2022 年，海南 LNG 接卸、返输 LNG 船量双破百，国际转运业务同比增长 21 倍，码头的吞吐量达到 188 万 t。天然气供给量和覆盖面不断扩大，可靠性持续增强，为提高人民生活水平，改善海南省能源和产业结构提供坚强保障。

在相关产业规划的引领下，在"气化海南"的战略部署下，在岛外市场需求的刺激下，在构建国内国际双循环的大背景下，海南天然气产业将迎来更广阔的发展前景，为保障国家能源安全、促进区域经济增长、推动产业结构升级和海南争当"双碳"工作优等生等方面做出更大贡献。

"南海油气"系列

第五章

炼化化工　助力海南经济腾飞

第五章 炼化化工 助力海南经济腾飞

油气工业是我国国民经济重要的支柱,也是海南省工业的重要组成部分,为海南省经济发展的各部门提供能源、基础的原材料以及相关配套的产品。本章重点介绍海南省油气全产业链中的下游工业环节,包括油气加工炼化、进出口、运输方式和消费结构等的现状,从而分析海南省油气工业发展的优势和存在的主要问题,为南海油气产业发展提供依据支撑。

第一节 海南油气炼化工业发展历程

一、炼油化工一体化

1988年4月13日,第七届全国人民代表大会第一次会议通过了《关于设立海南省的决定》的决议,正式批准海南建省办经济特区。作为一个年轻的省份,海南省油气工业起步较晚。1990年6月29日,经国务院批准、国家计委计工〔1990〕808号文同意外商独资建设海口(高丰)综合炼油厂项目,规模为年处理原油600万t,这是新中国成立以来一次性投资最大的现代化炼油项目,地点设在海口以西22km的新海乡,该炼油厂是英国海口(高丰)综合炼油厂有限公司(注册资本2.1亿美元)独立投资兴建的。英国和我国香港的财团给予了大力的支持,一期工程总投资6.3亿美元,规模为年处理原油600万t,年产值可达8.6亿美元。这个企业属于外向型企业,所需的原油全部从沙特阿拉伯、科威特等国进口,产品由英国BP公司包销,英国大通银行等欧洲财团发放专项贷款。

1993年4月7日,海南省对外贸易经济合作厅根据对外贸易经济合作部的授权,以琼经合发〔1993〕112号文批准英国海口(高丰)综合炼油厂有限公司在海南省独资设立"海南和邦国际石油化工有限公司",注册资金为21 000万元人民币,主要经营范围包括兴办炼油厂、进口原油、炼制原油和销售其自产的汽油、柴油等石油产品,并经营自用配套码头和油库。

1996年,国家计划委员会批复外商独资海南海口(高丰)综合炼油厂调整方案,厂址由海口新海迁至临高县马袅半岛。2003年5月18日,中国石油化工集团有限公司和海南和邦炼油有限公司签署了《中国石油化工集团公司收购海南和邦炼油有限公司协议》,炼油项目厂址从临高县马袅半岛迁至洋浦经济开发区。

2003年10月31日,中石化海南炼油化工有限公司在海南洋浦经济开发区儋州市辖区注册成立,以炼油化工为主营业务。2004年4月26日,中石化根据中国炼油工业发展战略,为调整炼油生产能力布局、满足西南地区及北部湾沿海成品油市场需要、开拓国际市场,投资了116亿元建设800万t炼油项目——海南炼化工厂,并于2006年9月28日全面建成投产(图5-1)。

图 5-1　中石化海南炼油化工有限公司

这个"21世纪的样板炼厂"不仅大幅拉动海南省生产总值(GDP),带来巨额利税,还彻底盘活了海南成品油输入输出的格局,标志着海南石化产业的崛起。海南炼化以加工进口原油为主,自备的深水码头位于洋浦神头港区,拥有包括30万t级原油、10万t级成品油在内的码头泊位5座,年吞吐能力超过2500万t。主要产品(全部采用国际标准)为液化气、航煤、汽油、柴油、硫磺、燃料油、苯和聚丙烯等,产品出口销往东南亚等多个国家以及我国香港特别行政区和澳门特别行政区等地区。海南炼化为洋浦的经济开发注入新鲜血液,成为洋浦经济开发区的龙头企业,带动了当地石化产业生产链条的发展,成为洋浦经济开发区经济发展的引擎。

2009年5月,海南炼油化工有限公司的首套洋浦对二甲苯项目(60万t/a)获得国家发展和改革委员会核准,计划投资30亿元,这是海南省在积极应对国际金融危机,千方百计促投资、保增长的情况下,得到国家大力支持的、延伸石化产业链的重大项目之一。该项目对促进对苯二甲酸(PTA)项目及其下游项目的招商引资、延长和丰富海南省炼油产业链、加速洋浦石化产业聚集起到了极大的推动作用。项目于2012年11月开工建设,2013年底投产。

2010年11月,中海油东方石化有限责任公司投资83亿元的海南精细化工项目在海南东方市工业园区开工建设。该项目是中国海洋石油集团有限公司与海南省战略合作的体现,是海南省"十一五"发展规划重点项目。依托海南周边丰富的海洋石油资源,按照清洁生产和绿色化工的发展原则,实现炼化一体化,提升项目的经济效益和社会效益。项目一期工程于2014年3月11日正式建成投产,二期工程丙烯腈系列装置项目于2020年7月开工建设(图5-2)。

图 5-2　海南精细化工项目二期工程丙烯腈项目施工现场

2019年11月18日,在海南自由贸易试验区建设项目(第七批)集中开工和签约活动洋浦分会场,洋浦接连签下3个石化产业链项目。其中海南逸盛PTA二期项目总投资45亿元,将建设250万tPTA、50万tPET炼厂,设计年产值约160亿元;作为乙烯下游产业的C5、C9项目,总投资12.16亿元,建设8万tC5分离、6万tC9分离等装置;60万t甲醇C4综合利用项目,总投资6.06亿元,建设45万t甲醇制丙烯、15万t气分单元等装置。

海南炼化百万吨乙烯及炼油改扩建项目获得了国家核准文件,取得了国家层面对海南油气加工产业精细化延伸发展模式的支持。项目于2020年11月10日正式开工,于2023年4月建成投产(图5-3)。中国石化海南炼油化工有限公司发展与销售部销售主管官宏平说,项目的投产推动海南乙烯工业实现"零"的突破。打通洋浦石化产业链条对下游产业将产生巨大拉动作用,为全面建设中国特色自贸港、服务于洋浦"一港三基地"发展大局交上一份靓丽的成绩单。同时,随着原油加工量迅速增长,海南省相继建成炼化920万t/a炼油(扩能)、60万t/a芳烃、逸盛石化210万t/aPTA、100万t/aPET以及汉地阳光特种油、东方石化精细化工一期等一大批重点项目。

图5-3 海南炼化百万吨乙烯项目

二、天然气化工

1993年2月20日,海南省第一家以天然气为原料的海南富岛化工有限公司在海南注册成立。1994年12月8日,海南东方富岛化肥厂一期工程开工,1996年在资金筹措非常困难的情况下,海南富岛化工有限公司投资20多亿元建立起一套年产合成氨30万t、大颗粒尿素52万t的生产装置,并于10月28日建成投产(图5-4),从此拉开了海南天然气化工产业的发展序幕。

2001年1月13日,中国海洋石油总公司和海南省人民政府正式签署东方富岛化肥厂一期工程重组协议,以4亿元的价格收购了海南富岛化肥厂,并成立海洋富岛有限公司。同年12月,富岛化肥厂二期尿素工程开工,该项目为国家"十五"重点建设项目。海洋富岛有限公司投资建立了年产 45 万 t 合成氨、80 万 t 大颗粒尿素的生产装置,于 2003 年 9 月 30 日建成投产。2004 年 9 月 16 日,海洋富岛有限公司与香港建滔化工集团合资建设的 60 万 t 甲醇项目开工,于 2006 年 9 月 12 日建成投产,为海南经济注入了强劲的活力,加速了海南油气工业的发展。2008 年 11 月海洋富岛有限公司动工兴建年产 80 万 t 甲醇的生产装置,于 2010 年 10 月建成投产(图 5-5)。

图 5-4　海南东方富岛化肥厂

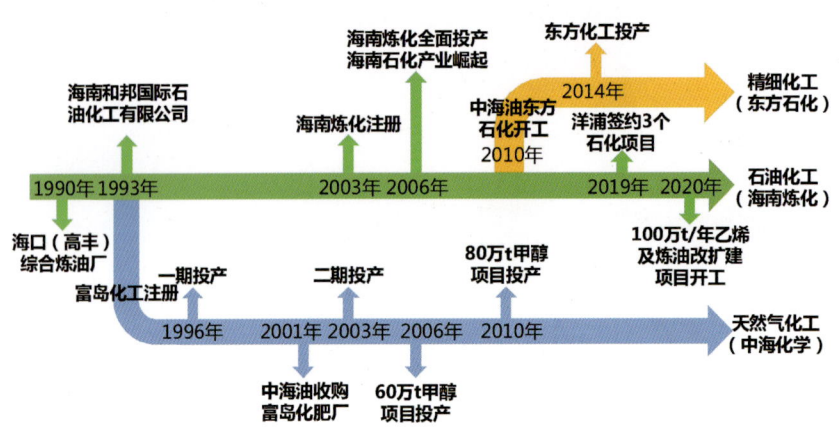

图 5-5　海南石油天然气工业发展历程

第二节　海南油气工业现状

海南油气工业按照"生态立省"战略要求,严守"不牺牲环境、不破坏资源、不搞低水平重

复建设"的发展原则,基本形成了"三个龙头和三条产业链",即以海南炼化为龙头的石油化工产业,以中海化学为龙头的天然气化工产业,以东方石化为龙头的精细化工产业,通过形成上下游产业原料产品互供关系,降低成本,提高企业凝聚力和竞争力,汇聚了大量的专业人才和管理人才,为产业后续发展奠定了基础,为国家重大战略服务保障区的建设提供了产业支撑。目前,全省油气工业规模以上企业已发展至 47 家,其中百亿产值企业 3 家、10 亿产值企业 7 家,总资产 855.6 亿元。其中,海南炼化、中海化学等重点企业作为行业内的标杆和榜样,积极自主创新,提质增效,逐步向产业链中高端迈进,带动海南省炼油工业的快速发展。

海南油气工业始终坚守生态环保底线,高度重视污染防治和循环发展,实现了发展与保护的"双赢"。全省环境空气质量优良,近岸海域水质总体保持优级,生态保护红线管理、"禁塑"、排污许可管理等方面立法实践均走在全国前列。海上气田以"全局用能最优"为原则,以数字化、低碳化为抓手,不断优化生产工艺流程,持续降低生产过程中的能源需求,深化热量梯级的利用和低温热的回收,提高换热的效率和余热的利用率,实现最低的能源消费强度。福山油田坚持绿色开发,研发推广钻井泥浆随钻不落地处理技术,实现钻井废弃物 100% 资源化利用,并入选国家绿色矿山名录。

一、油气工业集群分布

海南省油气工业以洋浦经济开发区和东方临港产业园为重点,依托澄迈油气勘探生产服务保障基地,积极打造"一服务两基地",扎实推进以南山气电基地、清澜气电厂、万宁大唐天然气发电厂等"油改气"项目的升级扩建,使海南油气工业朝着更深层次、更高质量、更加绿色环保的方向发展(图 5-6)。

洋浦经济开发区:以石油加工为主。近年来,洋浦依托区位优势和产业规划,通过招商引资,推进一批石化产业项目落地建设,形成"油头化尾"的产业布局。目前,洋浦经济开发区已经形成相对完整的石化产业链,包括炼油、烯烃、芳烃和油气储运,并不断加快化工新材料,原油、成品油、LNG 储备,港口物流等配套产业的发展,全力把石化产业打造成为海南省首个千亿级产业集群。洋浦现有 10 家生产型石化企业,主要石化项目包括海南炼化 920 万 t/a 炼油项目、160 万 t/a 芳烃项目、8 万 t/a 苯乙烯项目,逸盛石化 210 万 t/aPTA 项目、200 万 t/a PET 项目,汉地阳光 30 万 t/a 润滑油基础油项目,汇智石化 30 万 t/a 异辛烷项目等。"十三五"期间,洋浦经济开发区建立以海洋油气、港航物流、浆纸一体化、高新技术等为主导的产业体系,加快油气全产业链国际化基地建设,推动采、产、储、贸、服一体化发展,获批全国唯一一家石化产业外贸转型升级基地(图 5-7)。

东方临港产业园:以天然气化工和石油精细化工为主,形成了天然气化肥、精细化工、甲醇制烯烃产业链,港口物流和边贸等产业配套发展。作为海南省两个油气加工集中布局地之一,东方工业园区已建成多个天然气化工产业项目和石油化工产业项目(图 5-8)。天然气化工产业项目有 75 万 t/a 合成氨、132 万 t/a 大颗粒尿素、140 万 t/a 甲醇项目,石油化工项目有 200 万 t/a 精细化工项目。2019 年 6 月海南省人民政府印发的《海南省重点产业园区规划布局调整优化方案》中明确，东方工业园区产业定位调整为以油气化工、南海资源开发配套装备制造及服务为主导，重点发展精细化工、生物化工、能源储备、航运贸易、快递物流业等临港产业。产业定位的优化调整，更加强化了园区以油气化工为主导的特色优势产业。

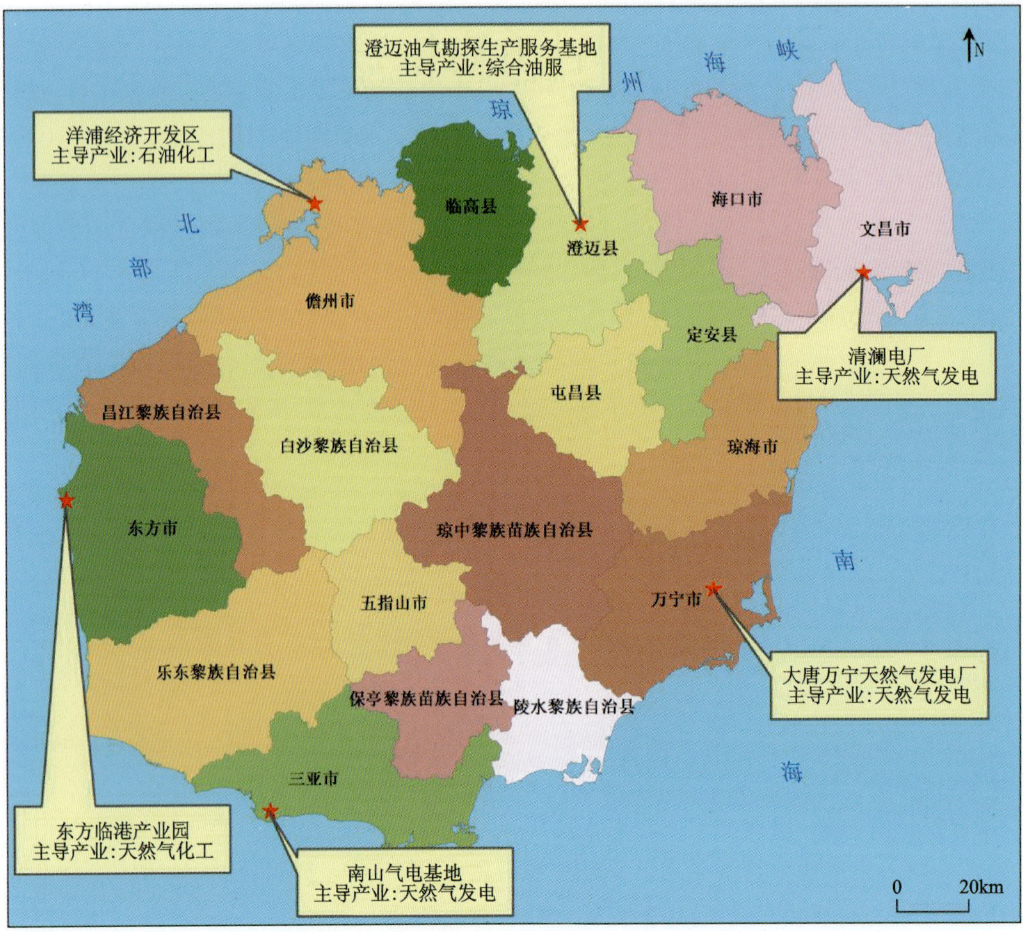

图 5-6　海南省油气工业集群分布示意图

图 5-7　洋浦经济开发区及洋浦港集装箱码头

图 5-8　东方临港产业园

澄迈油气勘探生产服务保障基地：基地建设主要是面向南海的油气勘探生产服务，以"三心、四轴、四板块"的格局形式，发挥港口、保税区等开发优势，整合政府、企业、投资机构及社会资本等资源，共同主导开发、建设和运营管理；实行油气勘探服务全产业链招商，推动港口码头、港口服务、港口物流、跨境电商、油气仓储、油气勘探技术服务的发展，形成油气勘探后勤保障等临港产业集聚效应，增加国家能源战略供给，推动我国海洋工业科技发展，加强自身与"一带一路"沿线国家和地区开展更加务实高效的合作，提升我国在世界的影响力。目前基地已有中海油、海南莱佛士、绿色海工等 7 个油气生产性服务产业项目落地（图 5-9）。

图 5-9　澄迈油气勘探生产服务基地的马村港

南山气电基地：南山电厂建于 1993 年 8 月，1995 年 2 月 25 日南山电厂发电机组利用崖 13-1 气田天然气发电一次点火成功，这是海南首次利用崖 13-1 气田天然气，标志着海南省利用天然气资源进入了工业化阶段。为了尽快利用崖 13-1 气田天然气，促进海南经济发展，根据海南省领导关于做好南山电厂油改气工程的指示，海南省电力局十分重视，派出工作组常驻工地组织协调解决施工难题。海南南山电力股份有限公司筹集 450 万元投入该工程，并于 1995 年 11 月 24 日正式开始施工。在建设过程中，广大建设者克服了设计、供货、施工等困难，保质保量完成了三亚南山输气首站至南山电厂输气管道的敷设、调压站的施工及天然气置换、吹扫、升压、检漏实验等工作，使发电机组顺利接气发电。南山电厂于2004年4月被华能海南发电股份有限公司控股，并作为海南南网主力电厂长期带基荷运行。

清澜电厂：1994年9月20日，海南省电力公司同美国安然公司和美国国际投资公司合伙成立美南电力有限公司，并投资1.36亿美元在文昌清澜开发区建设一座年发电能力为15万kW的燃机电厂，1996年初投入商业运行。这是一座联合循环发电厂，有3台以柴油为燃料的内燃汽轮发电机和1部蒸汽涡轮发电机。机组成套设备全部从国外引进，环保水平高，并能随需求量而变化发电量的功能，在持续发电中，可将发电量由无负载状态提升至高负载状态，确保稳定可靠的电力供应。

2000年5月，海南省电力有限公司收购了清澜电厂。由于燃料油价格居高不下，燃油成本远高于火电上网价。因而，电厂一直在扮演调峰电厂的角色，在用电高峰期其他电厂发不出电时作为临时替补。为降低成本，满足社会用电需要，海南省电力公司于2002年提出将电厂进行"油改气"技术改造，并委托中国电力工程顾问集团中南电力设计院有限公司开展可行性研究。2005年5月18日，总投资6000万元的清澜电厂"油改气"技改工程成功点火，成功并网发电（主要是使用澄迈福山气田的液化天然气发电），有效缓解海南省电力供应紧张局面，这对海南省优化电源点布局、提高供电质量、调整电力产业结构意义重大，也为今后上马大型液化天然气电厂积累了技术及管理经验。

大唐万宁天然气发电厂：2018年8月24日，大唐万宁天然气发电厂项目在海南省万宁市正式签约落地，这是万宁市和中国大唐集团双方加强战略合作、携手推进清洁能源产业发展、共同促进万宁经济社会发展的重大举措。大唐万宁燃气发电厂项目（2019年3月18日开工建设）作为海南省"十三五"重点电源规划项目，具有电力和天然气"双调峰"的重要作用，可解决海南绿色用能问题，让海洋生产的天然气资源得到高效利用，提升全省海洋资源协同性，将改变岛内东部地区电网空间安全保障缺乏负荷支撑的局面，切实为海南自贸港"南北两极"中心城市以及博鳌等国家重要会议设施提供优质电力供应保障。

二、加工消费现状

海南省油气炼化企业在确保安全的前提下满负荷生产，不断提高产量。2020年，全省原油加工量1 134.1万t，同比2015年增加19.7万t；原油加工月均产量为94.51万t，相比2015年有小幅度提升（图5-10）。

2020年，海南省汽油的产量为267.8万t，相较于上一年减少了33.2万t，在成品油总产量中的占比也有所下降；煤油的产量为113.4万t，比上一年减少43.7万t，是主要成品油中产量下降幅度最大的油品，降幅27.82%；柴油、液化石油气、炼厂干气、石油脑的产量与上一年相差不大，分别为280.8万t、111.6万t、63.2万t、47.1万t；燃料油的产量为113.4万t，比上一年增加了一倍，主要是随着近年来我国水上交通运输业的发展，船用燃料油需求呈现不断上升的趋势，因此产量也不断提升（图5-11）。

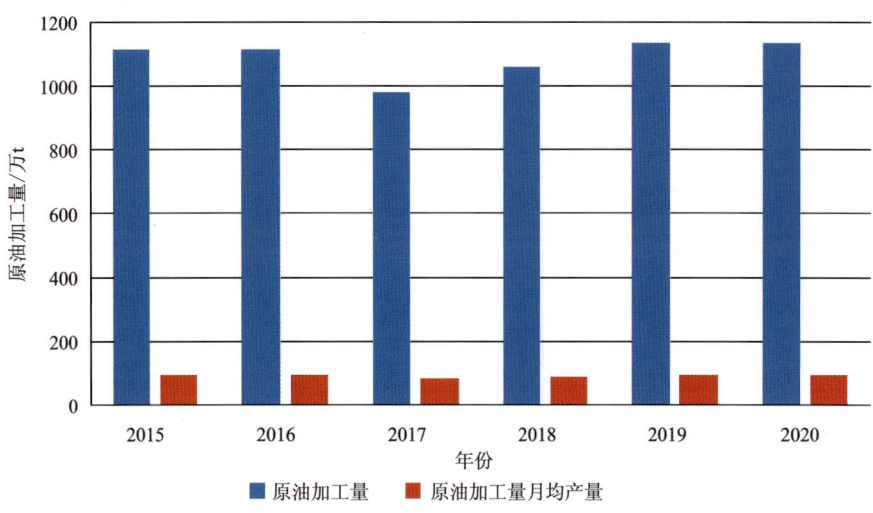

图 5-10 2015—2020 年海南省原油加工量变化（数据来源：国家统计局，2021）

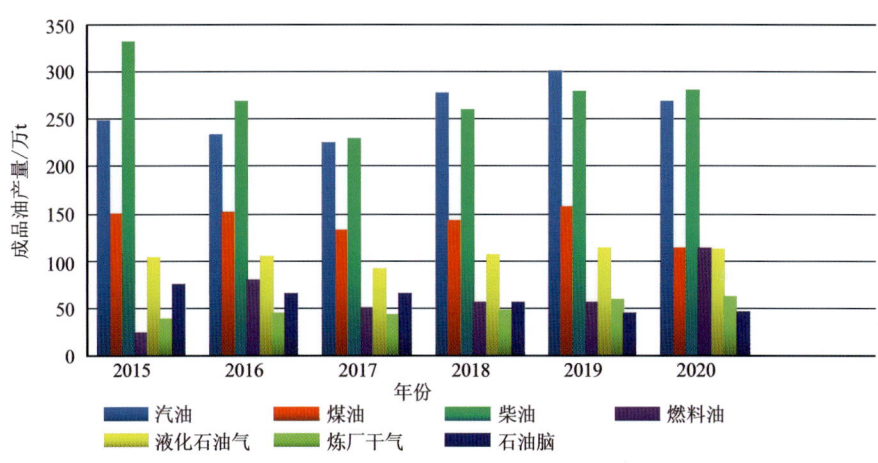

图 5-11 "十三五"期间海南省成品油产量情况（数据来源：《海南统计年鉴》，2021）

"十三五"期间，海南省石油消费稳步增长，年平均增长率 1.87%，但相对于"十二五"期间 5.84% 的年平均增长率，增速进一步放缓。2020 年海南省石油消费量为 708.3 万 t 标准煤，相对于 2015 年增加了 59.71 万 t 标准煤，增幅 9.21%。在总能源消费中，石油消费的占比由 2015 年的 33.85% 降低至 2020 年的 31.19%，在建设"绿色能源岛"的号召下，石油的消费逐步被其他清洁能源所替代。

"十三五"期间，天然气的消费量年平均增长率 3.42%，相对于"十二五"期间 −2.47% 的年平均增长率有很大的提高。主要原因是"十二五"期间海南省的居民消费主要以煤气为主，少量的工业发电才运用到天然气，因此天然气消费量起点较低。随着海南省经济水平的快速提升，海南省人民政府大力推进"气化海南"的建设，鼓励燃气下乡"气代柴薪"，促使海南省天然气市场需求加速增长。2020 年海南省天然气的消费量为 365.55 万 t 标准煤，比上一年大幅度提升 18.97%。近年来，海南省在化工领域，积极延伸天然气化工产业链，在交通运输领域，加快天然气清洁能源汽车、船舶推广应用工作，加快建设天然气加气站点，研究制定相关标准和鼓励政策;在工业用能领域,鼓励加工厂使用天然气逐步替代燃煤锅炉,降低污染物排放(图 5-12)。

图 5-12　2009—2020 年海南省油气消费变化(数据来源:《海南统计年鉴》,2021)

三、成品油进出口现状

海南省是成品油净出口的省份(成品油进口额在总进口额中的占比很小),成品油出口贸易在海南省的国民经济中占据了一个相当重要的地位,也为海南省的出口创汇做了很大的贡献。随着 2013 年"一带一路"倡议的提出,世界各国之间资源充分流动,海南省作为"一带一路"倡议重要的一个节点,有着得天独厚的地理优势。随着成品油出口规模的不断扩大,成品油出口额也随之大幅增长,有力地拉动了海南省对外贸易的发展,拓宽了成品油出口的国际市场。从总体上来看,海南省的成品油出口主要以汽油、煤油和柴油为主,其中柴油的增速明显。2014—2021 年期间,海南省的成品油出口总额是呈现波动上升的趋势(图 5-13)。

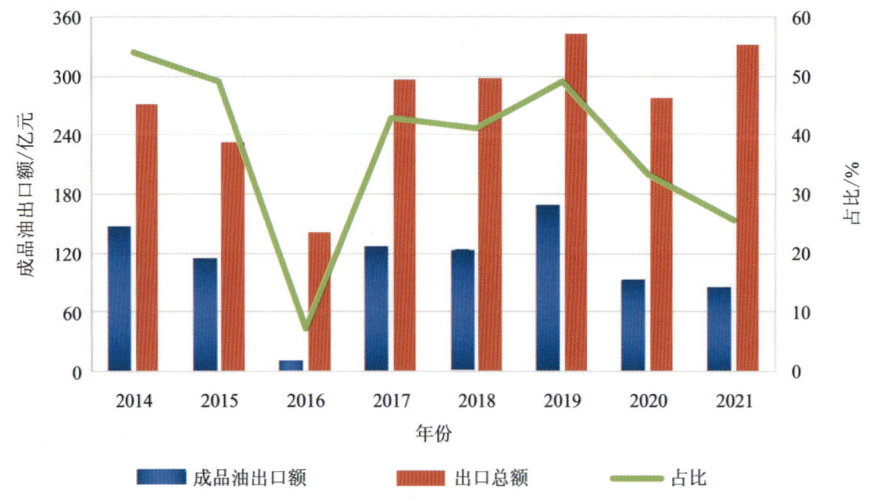

图 5-13　2014—2021 年海南省成品油出口额(数据来源:海南省统计局,2021)

2014年,是"一带一路"倡议提出的第二年,成品油出口额为147亿元,占省总出口额的一半以上(54.08%),比2013年成品油出口额增加约40亿元,增幅达36.8%;2015年略微有所下降,成品油出口额为114.43亿元,占省总出口额的49.23%;2016年,世界经济复苏缓慢,国际原油市场的需求疲软,国际油价的下行直接影响了海南与沿线国家的双边贸易,成品油出口额仅为9.96亿元,比2015年大幅度下降了91.3%,仅占海南省总出口额的7.09%;2017年,随着国际油价逐渐回暖上升,双边贸易规模也逐渐恢复,海南省成品油出口额上升到126.86亿元,重新占据外贸出口主导地位,拉动海南外贸出口增长83.2%,占省总出口额的42.91%,是海南外贸总出口增长1.1倍的主要因素;2018年,海南省成品油出口额略微有所下降,为122.48亿元,但是依旧占主导地位,占省出口总额的41.13%;2019年,全球经济和贸易增势有所放缓,个别主体企业出现战略调整,对稳定外贸增长形成较大压力。在此环境下海南省全年外贸仍取得了不错的发展成绩,其中成品油的出口对海南整体外贸出口引领作用明显,出口额为168.8亿元,相比上一年增长37.7%,占同期省总出口额的49.1%;2020年,海南省外贸有所下降,总出口额为277.02亿元,省成品油出口额为92.2亿元,比2019年大幅度下降了45.36%,占省总出口额的33.29%;2021年是海南自由贸易港建设的第一个完整自然年,全球新型冠状病毒感染疫情严重冲击国际油价,虽然海南省加快贸易恢复的速度,省总出口额相比2020年增加20.06%,但是成品油出口额却小幅下降了7.66%,为85.1亿元。

四、LNG 工业现状

据国家管网集团海南天然气有限公司相关数据,2021年以来,在双碳目标的指引和海南自贸港建设的大背景下,国家管网集团海南天然气有限公司累计为各地持续输送液化天然气(LNG)109.47万t,同比增长3.67%,保障了海南及内地沿海地区液化天然气的稳定供应。同时公司引进了更多优质LNG进口资源参与市场竞争,为海南提供了多渠道气源保障,既解决了海南本地企业的生产原料问题,也为海南省交通、工业、居民用气及发电等多个领域提供了低碳清洁的能源保障。

2021年11月20日,由中国海油气电集团建设运营的我国首座沿海液化天然气(LNG)船舶加注站在海南省澄迈县马村港码头正式投运。该加注站的投用填补了国内沿海LNG船舶加注站的空白,为我国推广海洋船舶应用LNG起到示范引领作用。

依托海南岛得天独厚的地理条件和社会条件优势,以海南LNG项目建成为契机,天然气将为海南自贸港建设提供源源不断的绿色原动力。在南海之滨,国家能源安全从此又多了一层保障。

五、油气管网现状

海南省的天然气长输管道框架逐步形成,供气能力大幅提升。"十三五"时期,全省新增天然气长输管道约316km,天然气主干管道总里程达947km,环岛天然气主干管网闭合成环。

海口、三亚、儋州、洋浦、文昌、琼海、万宁、东方、澄迈、临高、昌江、乐东、陵水、白沙等地已通达管道天然气。全省天然气长输管道输气量从38亿m³/a提高到50亿m³/a。

目前海南省天然气管网存在诸多问题，建设仍相对滞后，文昌-琼海-三亚输气管道投产后，环岛主干管网得以形成，但省内中部地区仍缺少输气管道覆盖，天然气管网密度亟需进一步加大；而且省内天然气资源主要来自海上气田及天然液化气，供气通道仅限于省内自建管网，与省外天然气主干管网缺少连通，多气源（LNG、陆上气田和海上气田）尚未实现相互调剂和平衡，天然气供应安全和调配灵活能力建设有待加强；管道安全管理和监督体制机制不健全，事中事后监管不到位；在用气高峰期，天然气调峰储运设施薄弱，应急备用气源和季节调峰能力还需要进一步提升；同时，管网建设运营方面，管道建设前期工作耗时长，管输和销售尚未完全分开，向第三方市场主体公平开放还存在一定的障碍。

随着海南省经济的不断发展，市场对成品油的需求大幅增长（主要集中于海口，海南炼化供应给本省的油品约有70%运往此处），对油品运输的要求也在不断提高。现阶段，海南省主要采用船舶运输油品，台风等异常天气出现时，就会出现海上航道封航、船舶不能靠泊等情况，严重影响油品运输作业及市场油品资源的供给。而且在船舶运输的过程中若发生漏油等情况，会对海洋环境造成大面积的严重污染。为了解决传统运输方式运力不足，受制于天气、不利于环保等瓶颈问题，海南省首条由中国石化销售华南分公司建设的岛内成品油管道（管道首起洋浦海南炼化厂，终止于海南石油澄迈马村油库，途经洋浦开发区、儋州市、临高县、澄迈县等4个县市区）于2017年4月28日成功实现投油试运，管道全长112km，年设计运输量250万t，采用先进的密闭顺序输油工艺，可以顺利输送车用柴油、92#汽油、95#汽油和航空煤油共4种油品，同时也可以实现24h全天候收发油品，有力保障海南省油品资源的优化运行和市场供给，并对降低环境污染、维护海南绿色生态、促进海南经济发展起到了积极的作用。

六、商储现状

目前，海南省积极推动临港产业园区与洋浦经济开发区联动发展，打造港产城一体的自由贸易港先行区。洋浦的油气储备能力不断扩大，已经成为我国重要的商业石油储备基地（图5-14）。

图5-14　洋浦经济开发区石油储备基地

目前洋浦现有油气储备项目5个，总计原油储备能力615万 m^3、成品油储备能力257万 m^3、LNG储备能力32万 m^3，包括国投孚宝132万 m^3 商业油气储备项目、中石化（香港）205万 m^3 成品油保税库项目、中石化255万 m^3 商储库项目、华信能源280万 m^3 商业油品储备项目、中海油海南LNG 32万 m^3 储备项目，全部为商业储备，可承接各类石化相关产品贸易。洋浦石油储备基地的建成不仅为洋浦经济开发区港航产业发展提供了现代化的基础设施，也为把洋浦打造成面向东南亚、背靠北部湾的区域性航运枢纽、物流中心和出口加工一体化基地提供重要支撑。

中国石油海南东方油库坐落于八所镇，总投资约3560万元，是在原固硫剂厂的基础上改建而成的。总库容2.3万 m^3，罐组2个，储罐7座，包括3座 $3000m^3$ 汽油储罐、2座 $5000m^3$ 柴油储罐、1座 $3000m^3$ 柴油储罐、1座 $1000m^3$ 生物柴油储罐。此外，国家粮食和物资储备局（广东局）正在东方市八所镇规划建设"651成品油储备项目"，目前该项目已按照《东方市总体规划（空间类2015—2030年）》规定完成用地规划调整。

七、销售以及加油站现状

在"十三五"期间，海南省汽、柴油消费在2019年之前增长平稳。2020年由于受新型冠状病毒感染疫情的影响经济增速放缓，虽然海南省推出了一系列鼓励汽车消费的优惠政策，但省内汽、柴油需求量仍有所减少，汽、柴油消费呈现负增长。至2020年底，全省汽、柴油总消费量为189.66万t，同比增长－15.42%。其中汽油108.8万t，同比增长－11.60%；柴油80.86万t，同比增长－20.08%（图5-15）。

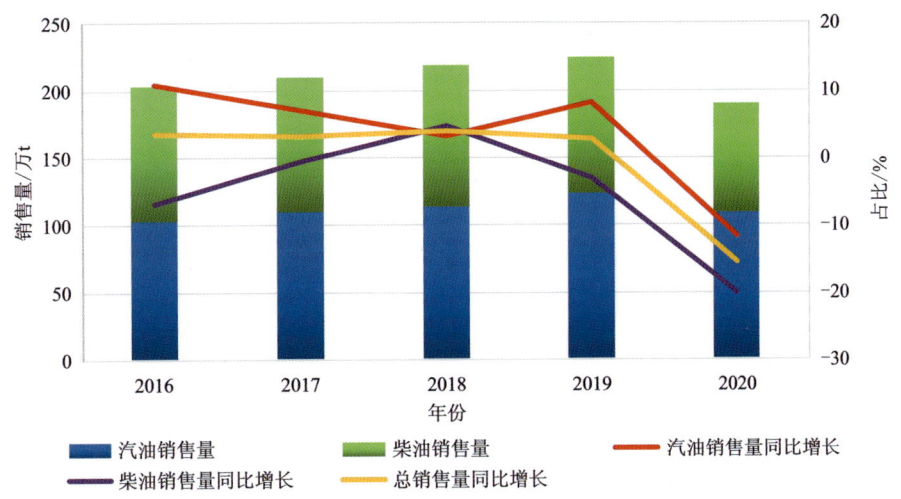

图5-15 "十三五"期间海南省汽油、柴油销售情况（数据来源：海南省商务厅，2021）

截至2020年底，全省有加油站（综合能源补给站）590座，其中加油站528座，加油加气合建站26座，加油充电合建站14座，加油船22艘（图5-16）。全省加油站单站年平均销售3215t（即日均销售8.8t）。

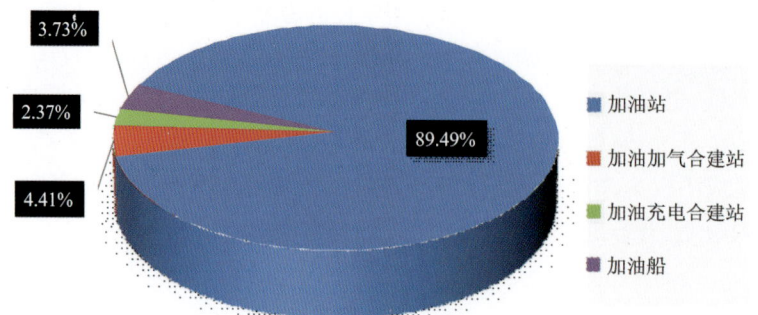

图 5-16　海南省加油站(综合能源补给站)占比情况(数据来源:海南省商务厅,2021)

海南省加油站布局和执行仍存在一些短板。经营的加油站数量偏少,且分布不均衡,除城区和高速公路外,其他区域的加油站数量还存在一定的差距,个别偏远农村乡镇没有设加油站点;正规的加油站建设成本高,回本时间较长,导致企业建站的积极性不高,乡镇、农场加油站长期无法落地,群众加油非常不方便,有些私人销售甚至还会存在安全隐患;加油站建设土地供应量明显不足,加油站行业发展规划和海南省城乡总体规划的用地指标不一致,加油站点建设困难;一些因城市规划调整和道路改造拆迁的加油站,新址用地长期得不到落实等。随着新能源汽车的快速增长,传统加油站逐渐向综合能源补给站转型升级,机遇与挑战并存。

八、海南省能源交易现状

海南洋浦港是天然深水良港,位处国际主航道,不仅能辐射华南还可以辐射东南亚地区,与国际市场联系十分紧密。依托海南自贸港的低税率可以为企业降低成本,对外资加大开放力度可以吸引国际资本落地海南参与能源资源商品交易,而且洋浦本身具备一定规模的仓储以及产业链齐备的石油化工产业,因此适合打造一个"国际能源交易中心"。2014 年 2 月,经海南省人民政府批准,按照现代公司制治理模式设立的大型能源类综合电子商务交易平台——洋浦国际能源交易中心正式成立,并于 2016 年 8 月正式投入运营。交易中心主要以现货交易为基础,以电子交易系统为平台,为原油、成品油、燃料油、天然气、化学品等各类石化产品提供相关交易服务,同时也为国内外客户提供能源与化工产品网上交易、行情分析、交易指数、网络结算、融资、信托、信用评级、仓储、物流、实时监管、大数据分析决策等全过程管理与全方位服务。截至 2018 年底,交易中心已有各类交易商 157 家。交易品种主要有原油、燃料油、成品油、润滑油、综合化工和天然气等,累计实现交易额近 300 亿元。

2019 年 7 月 5 日,山东能源集团(原兖矿集团)、华能集团和国电投集团三家世界 500 强企业联合发起设立的海南国际能源交易中心正式成立。交易中心以电子交易系统为平台,集交易、仓储、物流、金融与信息服务于一体,客户可在交易中心自主摘挂牌、实时结算、统一交收。初期重点交易的产品为动力煤、焦煤、甲醇、醋酸等,后期会不断增加油品、化工品等交易,丰富产品体系。2021 年 3 月 10 日,海南国际能源交易中心启动液化天然气(LNG)线上竞拍,以公开挂牌方式竞价,当天单边成交量为 3 000 t、单边成交额为 1 115.6 万元。交易的

第五章　炼化化工　助力海南经济腾飞

成功对加强海南省与国内重点石化企业战略合作、优化海南省内能源产业格局和天然气交易市场布局、提升国际市场的定价权和话语权具有重要意义。

九、两化融合管理现状

"十三五"期间，海南省积极推动工业化和信息化融合工作，从试点示范抓起，由点到面稳步推进，扶持企业建设数字化生产管理系统，建设智能制造工厂。"十三五"时期东方气田群建成国内首个可以远程遥控生产的无人值守井口平台，完成"平台自动配气、设备智能检测、智能机器巡检"三大智能化项目，并网投用的智能化生产操控中心集物联网、大数据、人工智能于一体，对油气田开发生产全过程进行实时监测、预警诊断、远程操控、集成共享、协同运营和辅助决策，有助于海上油气田业务重构、管理流程优化、管理效率提升（图5-17）。

图5-17　东方气田群投用的智能巡检机器人

福山油田率先建成油气生产物联网数字化全覆盖油田，全面实行"井场无人值守、站场少人值守、集中监控、分片巡检、故障到场"的新型生产管理模式（图5-18、图5-19）。

图5-18　福山数字化油田

图5-19　福山油田操控平台

  2022年3月30日，由中海油投资建设的我国首个智能深海油气保障仓储中心在澄迈县马村港中海油海南码头投用，可为海洋油气勘探开发提供全方位的物资仓储和配送支持，预计仓库建成当年的仓储物流综合成本下降将超过300万元。这标志我国深海油气资源勘探开发供应链保障体系基础设施建设基本完成，深海油气资源开发和海洋万亿大气区建设的后勤保障基础得到进一步强化。

  在未来，海南自贸港将作为我国对外开放的"桥头堡"，充分发挥其优势，以现有的炼化一体化和天然气加工项目为支撑，以战略性新兴产业和国家重大工程的高端产品需求为导向，聚焦绿色清洁做优油气产业链，推进油气产业精细化发展，从而带动技术服务关联产业协同发展，积极融入"海洋强国"、"一带一路"倡议等国家重大战略。

「南海油气」系列

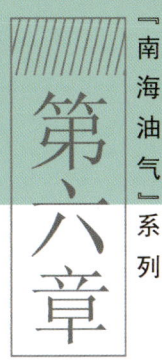

第六章

"双碳"挑战 自贸港迎发展机遇

第六章 "双碳"挑战 自贸港迎发展机遇

应对气候变化,实现碳中和是全球大势、时代命题,关乎人类未来生存发展。2020年能源相关二氧化碳排放量约占全球二氧化碳排放总量的87%,化石能源燃烧是全球二氧化碳排放的主要来源。摩根士丹利资本国际公司(MSCI)发布《MSCI净零追踪》(MSCI Net-Zero Tracker)报告显示,截至2021年底,全球已有136个国家提出"零碳"或"碳中和"目标,覆盖全球85%的人口、90%的GDP和88%的碳排放量。我国是全球应对气候变化工作的参与者、贡献者和引领者,推动了《联合国气候变化框架公约》《京都议定书》《巴黎协定》等一系列条约的达成和生效。2020年9月,习近平主席在第75届联合国大会一般性辩论上宣布:"中国将提高国家自主贡献力度,采取更加有力的政策和措施,二氧化碳排放力争于2030年前达到峰值,努力争取2060年前实现碳中和。"碳达峰、碳中和是中央经过深思熟虑做出的重大战略决策,将成为我国未来数十年内经济社会发展的主基调之一。2021年10月,中共中央、国务院发布《关于完整准确全面贯彻新发展理念做好碳达峰碳中和工作的意见》,指出能源绿色低碳发展是实现碳中和的关键,能源领域要通过强化能源消费强度和总量双控、大幅提升能源效率、严格控制化石能源消费、积极发展非化石能源、深化能源体制机制改革等重大举措,加快构建清洁低碳安全高效能源体系,助力国家实现碳达峰、碳中和目标(戴厚良等,2022)。

第一节 "双碳"的挑战

一、碳中和窗口期非常短、南海油气工业起步晚

占地球面积70%的海洋蕴藏着丰富的油气,近年来,随着我国陆地油气资源产量日趋减少,我们必须把目标投向海洋,向海洋要油气。而我国南海油气资源极为丰富,至今已发现十多个含油气盆地,据估算,我国南海石油地质资源量为230亿~300亿t,天然气资源量约为20万亿m^3,资源开发潜力巨大,是未来我国油气资源勘探开发的重点区域,有望建成大型油气生产基地。

南海含油气沉积盆地众多。目前共发现盆地18个,主要分布在南海北部、西部和南部,总面积约70万km^2,厚度在6000~12 000m之间(朱伟林等,2010)。其中南海北部海域主要分布有珠江口盆地、琼东南盆地、莺歌海盆地、北部湾盆地、台西南盆地等;西部海域主要是中建南盆地;南部海域则包括万安盆地、曾母盆地、文莱-沙巴盆地、北康盆地、礼乐盆地、北巴拉望盆地、南巴拉望盆地、南沙海槽盆地等,其中,万安盆地、曾母盆地和文莱-沙巴盆地油气资源前景最好(吴时国等,2005;米立军和张功成,2011;张功成等,2013)。

目前,我国在南海的勘探开发海域主要为南海北部,包括珠江口盆地、琼东南盆地、莺歌

海盆地和北部湾盆地。珠江口盆地位于珠江口以南 250km,水深 300~3000m,为典型的深水盆地,主要由白云凹陷、荔湾凹陷及其周边局部隆起组成,其中白云凹陷是一个巨型新生代凹陷,沉积厚度大于 12km,具有极大的油气勘探潜力;莺歌海盆地位于我国海南岛与越南之间,呈北西走向,长约 850km,最宽处约 200km,海域面积超过 11 万 km^2,是一个异常高温高压且沉降快的新生代走滑拉张盆地,中心沉积最大厚度超过 20 000m,含有构造圈闭 77 个,预测天然气地质资源量约 5.4 万亿 m^3,现已建成东方气田群和乐东气田群,天然气的资源接续潜力巨大;琼东南盆地位于海南岛东南部,呈北东向延伸,东西长约 290km,南北宽约 180km。以新生代沉积为主,厚度大于 10 000m,由北部坳陷带、崖城-松涛北部凸起带、中央坳陷带、南部隆起带和南部坳陷带组成,预测的油资源量约 1.1 亿 t,天然气资源量约 1.6 亿 m^3,之前在浅水区相继发现了崖城 13-1、崖城 13-4 等气田。

不过,南海约 70%的油气资源分布在深水海域,因此我国南海油气资源勘探正逐步从陆架浅水区走向深水区。我国的深水油气开发始于珠江口盆地,由于当时我国缺乏必要的深水油气开发技术,因此中国海洋石油总公司选择与 Husky Energy 公司签订共同开发珠江口盆地 29/26 深水区块的合同,随后于 2006 年发现荔湾 3-1 大气田,2009 年,荔湾 3-1-2 评价井完钻,作业水深 1376m,完钻井深 3918m,经测试日产天然气 5300 万 ft^3(1ft^3≈0.028 3m^3)。2014 年,我国首个深水气田——荔湾 3-1 气田开发工程建设完成,并开始向珠三角地区供气,截至 2017 年,已累计供气超过 82 亿 m^3,这标志着南海油气资源开发正式进入深水区。琼东南盆地是南海北部另一个深水油气盆地,也更靠近海南省。2014 年,琼东南盆地深水区的油气勘探取得重大突破,中海油利用"海洋石油 981"平台在琼东南盆地陵水凹陷 1500m 水深海域发现了陵水 17-2 天然气田,经测试,日产天然气 1600 万 m^3,之后在 2015 年 1 月,中海油宣布在陵水 25-1 构造有油气显示,该构造位于南海琼东南盆地乐东凹陷东北部,共钻遇约 73m 厚的油气层,经测试,该井平均日产天然气约 35.6 百万 ft^3,日产原油约 53.7t;2015 年 12 月,中海油宣布在南海西部琼东南盆地 1688m 深水海域发现陵水 18-1 气田;2018 年,陵水 17-2 气田开发项目正式进入实质性开发建设阶段,该气田位于海南岛南部 150km,平均作业水深 1500m,于 2021 年 6 月 25 日投产,是中海油在海南省投资超过 200 亿元的重大项目。相比于珠江口盆地,琼东南盆地深水区的油气勘探开发虽然较晚,但这是我国首个自营的深水大气田,因此意义更加重大。

目前,我国尚未在南海西部和南部开展油气开发业务,然而,南海西部和南部却蕴含着十分丰富的油气资源,南海各周边国家如越南、马来西亚、文莱、菲律宾等已经在该区域进行了多年的油气开采。由于缺乏深水油气开发技术,这些国家一般采用区块招标的模式与西方石油公司进行合作开发,而其中相当一部分区块已经深入我国海疆内,每年有高达数千万 t 的原油源源不断地被盗采,因此,尽快制定该区域油气资源开发相关对策已迫在眉睫。

从碳达峰到实现碳中和,全球平均用时需 53 年,美国用时需 46 年,西方发达经济体平均超过 70 年,而我国只用 30 年时间。我国不但要完成全球最高碳排放强度降幅,还要用全球历史上最短的时间实现从碳达峰到碳中和,任务艰巨。发达国家的存量煤电资产大多已经进入集中退役期,50%的煤电机组平均服役年限约 40 年,部分煤电机组服役年限超过 60 年。而我国大量燃煤电厂建成服役时间较短,运煤电机组平均服役年限为 12 年,约 50%的容量在过去10年内投运,约85%的容量在过去20年内投运。按照40年的服役年限,为了实现2060年碳中和,未来新建的煤电机组将在到达寿命周期之前提前退役,搁浅资产损失巨大。根据牛津大学前期研究成果,我国煤电搁浅资产规模可能高达3万亿~7.2万亿元。考虑到近年我国仍在新建煤电机组,实际搁置规模有可能更大。同时,随着碳中和推进,化石能源需求减少、行业体量缩小、部分生产场地关停成为必然趋势,传统资源型城市转型和相关行业人员分流、再就业等问题也需要统筹考虑(戴厚良等,2022)。

二、天然气清洁能源规模发展面临挑战

在政策引领和技术进步的推动下,天然气水合物的成藏需要具备4个基本条件:①足够多的气和水;②足够低的温度;③较高的压力;④一定的孔隙空间。充足的气源是天然气水合物成藏的物质基础和前提条件,热解气和生物气都可以作为天然气水合物的气源。温度和压力条件决定了天然气水合物是否能稳定赋存(通过实验可以观察甲烷水合物、水、冰、甲烷气体等的相平衡状态,从而得到各相平衡关系),因此天然气水合物稳定带的底界深度由水合物相边界曲线以及地温梯度决定。根据南海水深和地温梯度数据,可估算南海天然气水合物稳定带厚度。我国南海北部陆缘经历了由板内裂陷演变为边缘坳陷的地史历程,形成了珠江口盆地、琼东南盆地、西沙海槽盆地、台西南盆地、双峰北盆地和笔架南盆地等新生代沉积盆地,特别是位于陆坡深水区的新生代大型沉积盆地,如台西南盆地北缘、珠江口盆地、琼东南盆地,具备良好的天然气水合物成藏地质条件,是今后天然气水合物试采的重点区域。

三、实现碳中和深海资源开发的技术瓶颈

我国深海油气资源储量丰富,已经探明有70%的油气蕴藏于深水区域,其中南海的油气储量约占我国油气总储量的33%。由于受到深水钻井关键技术瓶颈的限制,我国深水油气资源的勘探开发一直落后于欧美等拥有深水油气作业核心技术的国家,但是经过十多年围绕深水技术的攻关,已经取得了一定的成果,为我国未来深水油气资源的开采打下了基础。党的十八大提出建设"海洋强国"的战略目标,为深水油气工程带来发展机遇,走向深海资源勘探开发是实现"海洋强国"的重要一步。

海洋天然气水合物具有非常大的发展潜力,无论是从技术方面还是从经济利益方面,都具有非常丰厚的回报率。首先,在技术上,由于天然气水合物的勘探和开采都离不开技术,所以,应运用更加安全可靠的科学技术手段进行具有连续性、高效性、广泛性、环保性以及合理性的开采,响应国家绿色发展的号召,切实完成绿色环保的发展。其次,在经济上,连续稳定的能源产量可以给国家带来巨大的经济效益,还可以为人们的生活和工作带来便利。因此,符合时代环保发展观念的天然气化合物具有良好的发展潜力。

天然气水合物作为新型化石燃料展现出巨大的资源潜力,如何科学地估算全球天然气水合物资源量与安全而经济地开采天然气水合物是全世界关注的焦点。天然气水合物研究面

临着稳定带厚度与水合物赋存机理、陆缘水动力背景复杂且沉积类型多样、水合物分布与沉积响应间的关系、构造运动对水合物的聚散控制、水合物成藏模式与判识评价体系、天然气水合物资源量估算以及试采等仍然是攻关的关键理论与技术问题。

第二节　我国石油公司的低碳发展战略

我国资源结构是"富煤、缺油、少气"，因此我国的化石能源消费一直是大幅偏重煤炭。2020年，我国一次能源消费结构中，煤炭、石油、天然气分别占比57%、20%、8%，可再生能源占比13%，化石能源总体占比达85%。

中国石油勘探开发研究院、中国石油经济技术研究院、中国石化经济技术研究院、国网能源研究院、上海交通大学、清华大学六家国内研究机构基于我国"碳排放力争2030年前达到峰值，争取2060年前实现碳中和"目标背景，对我国一次能源消费结构中的油气占比进行了中长期预测（图6-1），各机构普遍认为在2030—2035年间，我国油气消费将达峰，油气在一次能源消费结构中的占比均值为31%，即"十四五"期间和"十五五"期间，油气在我国一次能源消费中占比将保持增长趋势；2060年当我国实现碳中和目标时，油气在一次能源消费中占比均值仍达15%。由此可见，油气消费在中长期范围内仍是我国一次能源消费结构的重要组成部分。

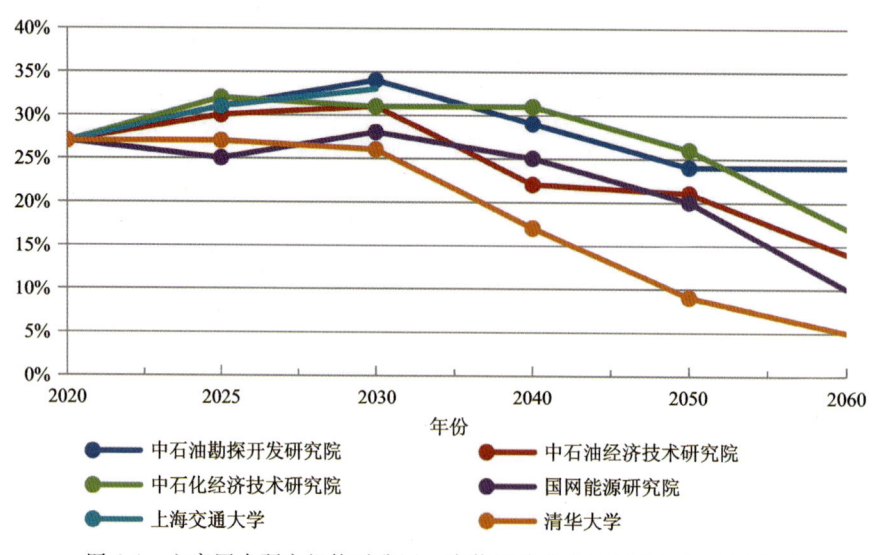

图6-1　六家国内研究机构对我国一次能源消费中油气占比中长期预测

一、中石油的综合减碳策略

中石油为全面推动绿色转型,早日达成"双碳"目标,首次把"绿色低碳"纳入发展战略,并制定了"30/60"条件下的绿色低碳发展路径,初步确定了"清洁替代、战略接替、绿色转型"三步走的总体部署:大力实施"稳油增气"策略,推动天然气产量快速增长,到2025年占比提高到55%左右,处于同行领先水平;充分发挥天然气在未来能源体系中的关键支撑作用,加大地热资源的规模开发和综合利用,逐步从油气供应商向综合性能源公司转型;积极推进绿色行动计划,大力实施节能减排和清洁替代,努力减少碳排放;大力实施林业碳汇和CCUS(Carbon Capture,Utilization and Storage),努力实现碳移除;积极向社会外供绿色零碳能源。

中石油在保供应、调结构上结合实际实施"减碳、用碳、替碳、埋碳",特别是着眼未来清洁能源可持续供应,大力发展天然气产业,加大页岩气、煤层气、致密油气等非常规油气资源规模开发力度。2020年,中石油国内天然气产量突破1300亿m^3,连续4年产量超过1000亿m^3,年均增幅高于10%,天然气在油气结构中占比首次超过50%,实现了"气超油"的历史性突破。同时,中石油积极拓展地热能、太阳能、生物质能等新能源业务,加快氢能产业链业务布局,化石能源与新能源全面融合发展的"低碳能源生态圈"建设有序推进。

值得一提的是,中石油海南福山油田公司早在2018年11月,建成投产CCUS先导试验一期,累计增油7500t,埋存二氧化碳8.22万t,相当于3万多辆汽车一年的碳排放量。目前,福山油田已经形成一套完整的二氧化碳利用、封存技术线路,总投资6246万元的CCUS项目二期,建设一套每天15万m^3的二氧化碳分离和捕集液化装置,年埋存能力达10万t。

二、中石化以技术创新推动绿色发展

中石化致力于石化工业技术的创新研究。其重点攻关项目"轻质原油裂解制乙烯技术开发及工业应用"试验成功,可直接将原油转化为乙烯、丙烯等化学品(即"油转化"),实现了原油蒸汽裂解技术的国内首次工业化应用,化学品收率近50%,并大幅缩短生产流程、降低生产成本、减排二氧化碳。目前,全球仅埃克森美孚、中石化成功实现了该技术的工业化应用。

2021年4月,中石化所属石油化工科学研究院自主研发的原油催化裂解技术,即另一条"油转化"技术路线,在扬州实现了全球首次工业化应用,使我国成为世界原油催化裂解技术领跑者。与此次原油蒸汽裂解技术相同,其生产的化学品产量也在50%左右。而上述两种技术结合,有望把原油生产的化学品总量提高到70%以上,将成为未来"油转化"经济可行的技术路线。

中石化还以打造世界领先洁净能源化工公司为愿景,将氢能源作为新能源发展的重点方向,致力于打造中国第一的氢能源公司。中石化加快推进能源转型、产业升级,全面推进氢能全产业链建设,以冬奥会氢气保供为契机,加快布局氢能产业,不断"补链""延链""强链",争

当氢能产业链"链长",已在加氢站、制氢技术、氢燃料电池、储氢材料等多个领域取得突破。目前氢气年产能力超 390 万 t,占全国氢气产量的 11% 左右。已在燕山石化、高桥石化等企业建成 7 套氢纯化生产装置,并在广东、上海等 17 个省(区、市)建成加氢站 31 座。"十四五"期间规划建设 1000 座加氢站,努力打造中国第一氢能公司,引领我国氢能产业高质量发展。

三、中海油大力发展天然气和海上风电项目

中海油打造首个海上二氧化碳封存示范工程,将在南海珠江口盆地海底储层中永久封存二氧化碳超 146 万 t。二氧化碳封存工程实施后,预计每年可封存二氧化碳约 30 万 t,累计封存二氧化碳 146 万 t 以上。这是我国海洋油气开发绿色低碳转型的重要一步,为我国实现"双碳"目标探出了一条新路。

深挖增供潜力,充分发挥海上天然气、陆地非常规天然气及进口 LNG 互保互供优势,大力提升国产气产量,优化 LNG 资源配置,全力保障天然气供应。在筹措进口资源方面,中国海油作为国内 LNG 主要进口企业,积极研判形势,加大 LNG 供给能力,2021 年 1—9 月,LNG 销量 337 亿 m^3,同比增长 30%。2021 年 9 月底,中海油与卡塔尔石油公司签订为期 15a、350 万 t/a 的长期 LNG 购销协议。该协议是近 8 年来国内企业签署的年合同量最高的长期 LNG 购销协议。加上 2022 年与马来西亚石油公司签署的 200 万 t/a 长协资源,共新增长协资源 550 万 t,两项协议于 2022 年 1 月起供。目前,中海油已签署 2000 多万 t 长协资源。

中海油也加快投入绿色能源项目建设,首个海上风电项目-江苏海上风电场实现全容量投产运行。据了解,该项目离岸距离 39km,规划装机总容量 30 万 kW。该项目全容量并网后,年上网电量可达 8.6 亿 kW·h,与火电相比,相当于每年节约标准煤 27.9 万 t,减排二氧化碳 57.1 万 t。

中海油还积极推进新能源产业"二次创业"。2021 年 11 月 7 日,中海油田服务股份有限公司(简称中海油服)在华电阳江青洲海域完成风机安装项目。这是国内首个由钻井平台完成的海上风电施工安装项目,也是中海油服在海上风电领域的首次探索。海上风电,是与作为我国最大海上油气生产运营商的中海油契合度最高的领域,其丰富的海上工程资源和生产作业经验均可以应用到海上风电领域。

油气消费在中长期范围内仍是我国一次能源消费结构的重要组成部分。各大油企分别结合自身实际制订并实施不同减碳策略。中石油主要从能源供应上,确定了"清洁替代、战略接替、绿色转型"三步走的总体部署,大力发展天然气产业,拓展地热能、太阳能、生物质能等新能源业务,加快氢能产业链业务布局,大力实施林业碳汇和 CCUS 项目。中石化主要在炼化化工方面发力,创新技术,提高化工产品在炼化产品中的比例,降低原油的能源属性,同时在氢能方面也有布局。中海油主要从碳封存、保障天然气供应、发展海上风电等方面发力,为我国实现"双碳"目标做出努力。

第三节 "双碳"背景下南海油气工业发展的机遇

在碳中和目标指引下,我国作为全球主要的能源消费国与二氧化碳排放国,未来能源转型面临经济、技术、安全、社会等多方面的压力和挑战,能源行业需加强规划,突出重点,抓住关键,精准发力,狠抓落实,加速化石能源与新能源融合发展,加快建设以化石能源兜底、以新能源为主体的清洁低碳、安全高效的新型能源体系,为国家如期实现碳达峰、碳中和做出新贡献。

尽管"双碳"战略目标对高碳的化石燃料影响重大,油气资源的能源属性受到冲击,其勘探开发势必受到影响,但是,油气的能量密度远大于各种新能源储能装备,目前在航空、海运等重大运输方面仍然是不可替代的能源,而且油气除了是对经济社会发展具有战略意义的优质能源资源之外,还是重要的工业原材料资源,被称为"国民经济的血液"。因此,为保障国家能源安全和国民经济高质量发展,南海油气资源勘探开发进度必须要进一步加快进程,让南海油气资源勘探开发及相关服务保障、科技研发、装备制造、炼化化工、金融服务等全产业链融入海南经济社会发展中,优化海南产业结构,将海南省真正打造成为国家重大战略服务保障区。

一、强化低碳开发举措,实现能源二氧化碳高效驱油

加强节能意识:通过节能理念宣传、节能硬性约束、党政机关引领示范等手段,积极引导全社会转变传统用能习惯,开展全民节能行动,牢固树立"节能是第一能源"意识。突出结构节能:通过大力推动重点领域节能降碳,加快压减高耗能产业,严格控制增量,调整优化存量,加快推动产业转型升级,促进我国制造业向中高端迈进。做精技术节能:加强节能降碳科技攻关和示范应用,推进物联网、人工智能等新一代数字技术与各行业深度融合,依靠技术创新推进行业用能效率提升。做实管理节能:通过节能提效立法,完善节能减排财政税收优惠政策,强化节能减排监督检查考核,保障节能减排管理工作持续有效运行。

强化二氧化碳利用,加快二氧化碳驱油降本增效。海南福山油田勘探开发有限责任公司 CCUS 项目在利用二氧化碳驱油工作上开展了大量实践,取得了不错的成效。利用混合相态二氧化碳替代原油,可大大提升原油采收率,达到 50%。据统计,福山油田将二氧化碳用于驱油,从 2018 年至 2021 年累计增油 8000t,实现了环保和经济效益双丰收。因此,要加快二氧

化碳驱油关键技术和材料的研发,进一步降低成本,提升效率,推进建设二氧化碳捕集利用与封存示范基地,并在南海油气田开发中加以推广,推动建设南海油气勘探开发零碳排放示范工程。

二、强化海洋固碳举措,推动能源行业海洋碳封存

截至目前,在海域成功实施的二氧化碳水合物封存项目以美国能源部(Department of Energy,DOE)和美国康菲国际石油有限公司 2012 年阿拉斯加的二氧化碳置换开发天然气水合物试采项目为代表,该项目的实施建立在前期充分地质地球物理勘探、钻探工作、大量室内实验及模拟的基础上,验证了二氧化碳置换天然气水合物开采方式的可行性。为证明盖层的有效性,进一步实施了三维中试规模试验研究,结果证明:注二氧化碳储层改造在很大程度上强化了上覆层强度,降低了上覆层渗透率,进而显著强化产气效率,降低外围水相渗入,论证了二氧化碳水合物封存的可行性及有效性。此外,在 2019 年北海中部英国海域实施的二氧化碳原位释放实验,对海上储存场地的二氧化碳泄漏进行了评估、表征和量化。

我国至今陆续开展了十余项二氧化碳地质封存工程,例如:神华集团鄂尔多斯咸水层二氧化碳封存示范工程、中石油吉林油田提高采收率试点项目、中石化胜利油田碳捕集利用与封存试点项目、延长油田碳捕集利用与封存试点项目等。在已开展的封存示范工程中海域地层二氧化碳封存项目仅 1 项,为南海珠江口盆地咸水层二氧化碳封存示范工程,除此之外的海上二氧化碳水合物封存未形成工业化示范项目也在逐步开展。

南海作为我国最大、最深、自然资源最为丰富的海区,沉积物分布广泛且有一定的规模,开展二氧化碳水合物封存示范工程之前,面临的首要问题是对南海海域二氧化碳水合物封存场所进行全面调查与描述,确定主要地质影响因素。目前针对海洋二氧化碳水合物封存储层的地球物理探测研究尚未真正开展,但对海洋天然气水合物储层的地球物理研究取得进展较多。国内自 1999 年开启针对海域天然气水合物的勘探开发和相关的科学研究,经过 20 余年的科技攻关,取得了包括圈定南海北部水合物富集区、南海北部水合物成藏模式、水合物钻探与原位取样、粉砂水合物储层试采等一系列创新性成果。其中对深水浅地层中水合物的地球物理识别与储层预测方面研究直接指导并完成了海上天然气水合物的发现、水合物富集区圈定与定量评价、试采目标区选址等重大成果,形成了基于三维地震数据的地球物理异常特征与地震属性分析、基于地震反演的多类型水合物储层定量评价、测井数据约束下的水合物储层精细刻画与解释等一套技术体系,完成了对深水浅地层沉积物中高富集度水合物储层的地球物理定量表征。

在注入前期提供必要的地质信息、形成二氧化碳水合物储层精细刻画与预测技术,对二氧化碳水合物封存的有效性、适宜性进行评估,建立符合地下实际地质特征的地质模型是关键。目前,针对二氧化碳水合物封存的南海北部浅地层三维地质模型构建研究未真正开展,针对深部地层,地质学家通常采用平面沉积相约束下的钻井数据插值方法建立地质模型,但

井间的地层接触关系和变化规律难以吻合实际地质情况,随着三维地震各类属性分析和反演技术的发展,为了充分挖掘三维地震蕴含的丰富地质信息、进一步提高地质模型的准确性,近年来很多学者做了有意义的探索和实践,通过融合岩石物理、测井、钻井、地震、地质、油气藏等多门学科,建立了更符合实际地质情况的三维地质模型。

三、加强海洋大数据平台建设,助力油气勘探开发一体化

根据基础数据分析南海油气资源勘探开发现状及挑战,调研我国及南海周边国家在南海的油气勘探开发情况,包括油气田位置、规模、勘探开发历程、开发模式、装备水平等,重点总结我国在南海北部海南岛周边的油气勘探开发现状以及周边各国在南海西部和南部海域的沉积盆地中的开发现状,剖析各国在南海海域的油气资源开发特征,跟踪其油气勘探开发活动动向。揭示深水钻完井、平台建设、油气开采和油气集输过程中面临的技术难点与挑战,重点从特殊的环境条件、油气勘探技术、深水工程装备以及海上边际油田开发技术等角度进行综合剖析,逐渐建立一个基于数据的海洋资源开发利用分析系统。

基于海洋大数据资料聚焦南海海底矿产资源勘探开发的现状及挑战。全面系统收集和整理南海海底矿物资源赋存状况,收集我国及南海周边各国在南海海底矿物资源勘探开发及其管理政策方面的情况,分析南海海底矿物资源勘探开发现状及动向;系统收集和整理世界主要深海采矿国如美国、日本、俄罗斯、加拿大等深海采矿的管理法律法规等资料,调研目前国内外先进的深海海底矿产资源开采技术,了解其先进技术与经验。根据海洋大数据提供的基础资料,从技术和经济角度分析目前南海海底矿产资源开发过程中面临的挑战,调研目前的海底矿产资源开采装备和技术水平,探究海底矿产资源实现商业化开采的可能性。

四、大力推进清洁能源开发,确保天然气水合物能源开发利用

天然气水合物,俗称"可燃冰",是由天然气与水在高压低温条件下形成的类冰状结晶物质,稳定存在于深海沉积物区和陆地永冻土地区,是世界公认的清洁能源,具有很大的资源开采利用价值。据估算,全球天然气水合物中所含天然气量约为传统地球化石燃料的2倍。而我国南海海域存在丰富的天然气水合物资源,近年来随着我国对天然气水合物勘探开发的持续投入,我国在该领域取得了长足的发展。2017年5月18日,国土资源部部长姜大明宣布我国南海北部神狐海域天然气水合物首次试采成功,截至2017年7月29日,天然气水合物试开采连续试气点火60d,累计产气30.9万m^3,平均日产5151m^3,甲烷含量最高达99.5%,之后进行了封井作业,水合物试采取得圆满成功,这也为下一步南海天然气水合物的商业开采奠定了良好的基础。

前期天然气水合物试采存在的瓶颈问题之一为单井产量低,尚不具备商业开采价值,为此,中海油提出了多气合采技术。而多气合采中水合物主要分布在海底浅层(一般在海底以

下100～500m范围内），开发过程中可能遭遇多种浅层地质灾害，包括海底滑坡（包括软沉积物变形）、超压、断裂等。水合物开采区常位于深水陆坡环境，浅层多发育细粒沉积，由于底流/地震等诱发因素频发，已发生大规模的沉积物变形甚至滑坡。深水沉积物快速堆积埋藏或者浅层气发育，都会形成超孔隙压力。浅层中断裂系统发育，可能造成多气开采过程中的气体泄漏。上述多种浅层地质灾害对工程作业安全造成危害，还可能造成大量甲烷气体进入水体甚至大气层，造成严重的环境事件。因此，要加快攻克可燃冰的技术难题，实现多气开采中对水合物的绿色开发。

"南海油气"系列

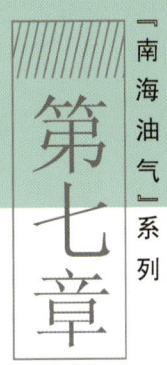

第七章

立足当下　科学谋划发展战略

第七章　立足当下　科学谋划发展战略

能源安全是关系到国家经济和社会发展的全局性、战略性问题,对国家的繁荣发展、人民生活的改善与社会的长治久安至关重要。2021年10月21日,习近平总书记考察调研胜利油田时强调:"石油能源建设对我们国家意义重大,中国作为制造业大国,要发展实体经济,能源的饭碗必须端在自己手里。"

2022年4月10日,习近平总书记在考察海南时强调,建设"海洋强国"是实现中华民族伟大复兴的重大战略任务,要推动海洋科技实现高水平自立自强,加强原创性、引领性科技攻关,把装备制造牢牢抓在自己手里,努力用我们自己的装备开发油气资源,提高能源自给率,保障国家能源安全。

能源是工业的粮食、国民经济的命脉。新中国成立以来,特别是改革开放以后,快速发展的能源事业为我国创造经济快速发展和社会长期稳定这两大奇迹提供了重要支撑。党的十九届六中全会审议通过的《中共中央关于党的百年奋斗重大成就和历史经验的决议》,在总结新时代经济建设的伟大成就时指出"保障粮食安全、能源资源安全、产业链供应链安全";在总结新时代维护国家安全的伟大成就时强调"统筹发展和安全",指出"把安全发展贯穿国家发展各领域全过程";2022年中央经济工作会议强调:"要确保能源供应""要深入推动能源革命,加快建设能源强国"。因此,在全面建设社会主义现代化国家、向第二个百年奋斗目标进军的新征程上开拓奋进,确保能源安全至关重要。

第一节　发展现状与面临的形势

一、发展现状

"十三五"期间,海南省油气产业牢固树立"创新、协调、绿色、开放、共享"发展理念,坚持创新驱动、绿色化、高端化、规范化和集约化、可持续发展,大力提升油气资源勘探开发力度,稳步推进南海油气资源勘查开采管理改革试点工作;严格按照国家主体功能区定位,推进南海资源勘探开发服务保障基地、石化基地和化工产业园区建设,突出不同区域的重点发展产业,构建结构布局合理、产业链配套完善的临港石化产业体系;引进混合所有制经济,推进大型炼化一体化工程等重大建设项目落地。海南省坚持生态优先,以更加严格的环保标准发展油气产业,2018年油气产业规模以上工业产值达1005亿元,首次突破千亿元,占全省规模以上工业产值的45.2%;2020年全产业链全年实现1055亿元的产值,占工业生产总值的51.22%、生产总值的16.29%,油气产业增加值由"十二五"末期的139.6亿元,增长到2020年的210亿

元,年均增速约 8.5%,为全省工业经济的稳定发展做出了突出贡献,带动了仓储、物流、贸易、金融以及园区经济、基础设施的发展。

在上游,"十三五"以来,南海北部油气勘探获得多个重要发现和突破,包括珠江口盆地的 HZ26-6 亿 t 级油田、琼东南盆地的永乐气田和宝岛气田、莺歌海盆地的乐东 10 气田,至"十三五"末,累计探明地质储量达 22.36 亿 t 油当量,较"十二五"末增加了 4.12 亿 t 油当量,为海南省油气生产奠定了坚实的储量基础;油气开发项目稳步推进,年产量稳定保持在 2100 万 t 油当量以上,2020 年接近 2600 万 t 油当量,加之深海一号能源站于 2021 年 6 月顺利投产,稳产形势持续向好,"十三五"期间油气总产量超 1.18 亿 t 油当量,再创新高,为海南省"增油加气"添上浓墨重彩的一笔。

在中游,管道网络建设持续完善。海域上,东方气田和乐东气田群通过天然气管道在东方终端上岸;崖城气田和陵水气田除了通过天然气管道在南山气电厂上岸外,还利用 780km 管道将陵水气田、文昌气田群等生产的天然气输送到香港和粤港澳大湾区。陆域上,环岛天然气主干管道总里程达 1111km,管网闭合成环,覆盖沿海 12 个市县。目前,全省天然气长输管道输气量达到 50 亿 m^3/a。

在下游,油气加工产业链不断延伸。2020 年,原油加工量 1134 万 t,化工天然气加工量 35 亿 m^3,基本形成了"三个龙头和三条产业链",即以海南炼化为龙头的石油化工产业、以中海化学为龙头的天然气化工产业、以东方石化为龙头的精细化工产业。

二、面临的形势

"十四五"时期是我国油气产业转型升级、迈入制造强国的关键时期,行业发展面临的环境严峻复杂,有利条件和制约因素相互交织,增长潜力和下行压力同时并存。"一带一路"倡议的深入实施,为海南省油气产业提供了广阔的发展空间。从省内看,海南省作为中国南海时代的桥头堡,后发优势明显。海南省油气工业发展主要面临以下形势。

1. 南海油气资源盗采严重,中南部油气开发亟待突破

随着我国经济的不断发展,对油气资源的需求不断增加,对外依存度也在逐年提高,2020 年,我国原油进口总量激增 7.3%,约 54 238.6 万 t,对外依存度 73%;天然气进口总量增加 5.3%,约 1363 亿 m^3,对外依存度 42%。我国深海勘探开发技术与装备从"跟跑"实现"交错领跑",勘探领域从常规油气延伸到"非常规",勘探开发实践从近浅海走向深远海,从国内走向海外,而且我国南海油气资源潜力巨大,探明程度却很低,剩余油气资源丰富,具备可持续发展的资源基础;但是,我国在技术可行、资源基础雄厚的情况下,却没能在南海中南部建一座平台、采一滴油,仅有的实质性作业是 2014 年在中建南盆地艰难地钻了 2 口预探井。而南海周边五国与西方石油公司合作的近 30 年期间内在南沙海域共钻 1660 口井,每年从我国海疆内非法开采油气超过 6600 万 t 油当量,形势十分严峻。如果能够破解地缘政治难题,在南

海中南部油气勘探开发中有新举措、取得新突破、形成新局面,扭转油气资源被非法探采的局势,可以为降低我国油气资源对外依存度、提高国内油气供应保障能力做出更大的贡献。

2. 油气改革稳步推进

2015年7月7日,以新疆为试点的油气资源上游领域改革正式拉开序幕。新疆、贵州、山西等地已组织多轮油气勘查区块出让,并取得了油气勘探突破,有力地推动了我国油气上游改革的试点示范工作,进一步打破油气勘查开采垄断局面,对大力提升油气勘探开发力度具有重要意义。在自然资源部指导下,海南省也开启了油气改革新征程,目前海南省已组织开展了多轮油气矿业权区块评价优选,提交了一批可供自然资源部开展竞争性出让的新区块。因优越的资源禀赋条件,南海油气区块的竞争性出让必将成为国内外油气公司的热点。

3. 油气工业已成为海南省的经济支柱

油气产业是海南自由贸易港建设中最主要的支柱产业之一,2018年,海南省油气产业规模以上企业工业产值达到1055亿元,占海南省地区生产总产值的18.16%。受益于"一带一路"倡议和建设海南自贸港等国家战略,全省经济仍将保持快速增长势头。海南省国民经济"十四五"总体规划中对油气产业发展提出了更高的要求,在"十四五"期间,整个油气产业链产值要在现有的基础上翻两番,达到3000多亿元。同时,《海南省海洋经济发展"十四五"规划》也明确提出:海南将推动海洋油气勘探开发向深海、远海拓展;启动研究出台政策措施,鼓励加大勘探开发力度,吸引民营企业和国际油气公司参与南海油气资源勘探开发。这将极大地促进海南省油气产业的发展,使其能更好地服务于海南省其他建设。

4. "双碳"战略目标影响深远,油气产业急需转型升级

我国经济处于从高速发展向高质量发展的推进期,对石油、天然气以及化工品的需求在中长期内将保持稳定增长。碳排放达峰以及碳中和时间表的提出将对我国能源行业和用能行业带来颠覆性的变革,我国能源转型速度将加快,高碳化石能源比例将加速下降,能源消费增长更加依赖天然气和可再生能源等清洁能源;可再生电力、节能技术、碳捕捉技术等将快速发展,全球油品需求增速将逐步放缓,炼油能力将出现过剩,炼油毛利也将进一步下降。石油天然气的能源属性将会削弱,加上石化产品需求的快速增长,化工原料在炼油产品中的重要性将不断提高。共建"一带一路"将促进沿线各国开展从油气资源开发到石油产品消费市场的全方位合作,为炼化业务提供更加多元化的原料来源和更加广阔的产品市场。炼化企业为提高盈利水平,将从以生产成品油为主、大宗石化原料为辅的传统一体化,转向多产高附加值产品和延伸石化产业链的新型一体化。

南海油气工业利用与发展

第二节 发展优势与存在的问题

2020年是自贸港建设的开局之年,海南将进入全新的发展时期,要求我们更要准确把握新发展阶段,深入贯彻新发展理念,加快构建新发展格局,推动自贸港高质量发展,确保自贸港建设开好局、起好步。我国南海蕴藏着丰富的石油天然气等能源资源,提高以油气产业为支柱的海洋经济对海南经济增长的贡献度,大力提升南海油气资源勘探开发力度,保障国家能源安全,维护我国南海主权,服务海南自贸港建设,推进产业转型升级,提升经济发展质量,促进海南经济社会发展,助力"双碳"战略目标实现,意义十分重大。

一、发展优势

2018年4月13日,习近平总书记在庆祝海南建省办特区30周年纪念大会上发表重要讲话,次日,党中央国务院发布《关于支持海南全面深化改革开放的指导意见》。海南的发展迎来重大利好,油气产业同样喜迎发展的黄金机遇期和重要窗口期。此后,自然资源部制定关于落实《中共中央 国务院关于支持海南全面深化改革开放的指导意见》工作举措,提出:与海南共同推进南海油气勘查开采管理改革试点,加快推进海南天然气水合物勘查开采先导试验区建设,指导海南与21世纪"海上丝绸之路"沿线国家开展天然气水合物、油气、海底矿物资源的联合调查与合作开发;中海油设立海南分公司,参与南海油气勘探和开发,负责油气仓储和销售;中石化海口江东新区注册成立海南赛诺佩克有限公司,加快推进区域总部基地项目建设;能源交易中心功能进一步扩充,交易环境进一步完善,能源交易大厦正式启用,将打造"一带一路"国际能源交易枢纽。海南油气产业正从上、中、下游以及相关交易环节全面发力,必将绘制更加美好的明天。

经过前面章节的梳理,纵观历史,放眼全球,海南在发展油气产业方面主要有以下5个方面的优势条件。

1. 资源优势

南海北部近海海域油气资源丰富,占全国油气资源总储量的1/3以上,油气勘探潜力巨大。整个南海的石油地质资源量为200亿~300亿t,近海四大盆地约113.49亿t;天然气地质资源量20万亿m^3,近海四大盆地约12.58万亿m^3。

近海四大盆地油气资源探明程度很低,石油勘探处于高峰前期阶段、天然气勘探处于早期阶段,剩余油气资源比较丰富,储量增长潜力仍然很大,富油气凹陷浅层是保障增储上产的压舱石,深层和潜山是储量大幅增长点,潜在富烃凹陷和中生界、古生界残余盆地富烃凹陷是未来油气勘探和增储重点。在针对不同勘探程度、不同地质条件、不同油气成藏类型进行专项科技攻关和创新勘探认识之外,正确平衡好、解决好南海油气勘探开发与生态保护的矛盾,合理规划油气勘探开发作业,科学适度调整生态保护红线,给油气勘探开发让出合理空间,其油气勘探开发的空间将大大拓展,巨大的资源潜力将得到进一步释放,转化为储量和产量。

南海中南部的深远海区同样蕴藏着巨大的油气资源,尚有多个盆地未进行实质性勘探开发,是未来油气勘探开发的潜力区。未来,要苦练内功,增强自身实力,辅以灵活机动的南海政策,破解地缘政治难题,尽快突破南海中南部油气勘探开发的难题,形成南海油气勘探开发新局面。

2. 区位优势

海南省面域约 200 万 km^2,位处亚太经济圈中心,是连接太平洋和印度洋的交通枢纽,其所管辖海域占南海 350 万 km^2 的大部分,是我国唯一海洋大省,扼"海上丝路"之要冲、守"蓝色国土"之前哨,是亚洲与太平洋的交接带、华南陆地国土与南方海洋国土的结合部,是我国大西南出海的前沿和南海油气资源开发利用的基地,区域地理位置具有十分重要的战略意义。

在经济上,近傍粤港澳大湾区,遥望台湾,外邻东南亚,既有经济腹地的依托,又受到经济发达区的辐射和带动,直接面对华南、东盟两大石化产品消费市场,是国内国际双循环新发展格局的交会关键点,便于内引外联,发展油气产业。

同时,海南是往来太平洋、印度洋的必经之地,也是通往"两亚"的"十字路口",我国 80% 左右的进口石油走南海运输航道;靠近海外油气资源地和产品消费市场,交通运输便利,是我国最适合发展油气工业的地区之一。海南岛紧靠东南亚,是我国"海上丝绸之路"战略的重要节点,因此发展油气加工产业在具备原料保障的背景下,产品通过海运外输也非常便利。海南岛地域较为辽阔,在海上油气上岸方面具有独特的地理优势,其发展战略空间更广阔、更有利于向纵深拓展。

3. 港口优势

海南海岸线长,具有良好的建港和海运条件。海南拥有 5 个天然深水良港,截至 2020 年底,全省拥有万 t 级深水泊位 78 个,已开通国内国际集装箱航线 33 条,基本形成了覆盖我国沿海及东南亚国家主要港口、辐射亚欧及澳洲的航线布局。其中,洋浦港是天然良港,50 km 的海岸线,也是海南重点发展的大型临港产业基地,以石化、林浆纸等临港产业发展所需的油品、煤炭、集装箱等货物运输为主;而东方八所港是海南大型深水良港之一,属国家一类开放口岸,以服务南海油气上岸加工储运为主。洋浦港拥有两个 30 万 t 级原油专用码头、多个成品油码头和液体化工码头,可接卸原油、成品油、液体化学品等 100 多个品种,年吞吐能力上亿 t。东方八所港现有生产性泊位 12 个,其中万 t 级以上(含 1 万 t 级)泊位 8 个,年吞吐能力 1800 多万吨,可与国内 12 个港口和世界 20 个国家和地区直接通航;澄迈油气勘探生产服务

基地内的马村港是天然的深水港,是全国25个枢纽港之一,可布置65个万t级深水泊位,年通过能力可达3亿t,是海南依托港口深化对外开放、发展外向型经济的重要依托,定位于打造海南自贸港的核心港口经济功能区以及琼北地区最大的货运港口。

4. 商储条件

洋浦经济开发区经过多年的发展,保税港区功能不断完善,油气储备能力也在不断扩大,目前已具备原油储备能力615万m^3、成品油储备能力257万m^3、LNG储备能力32万m^3,已成为我国第二大的商业油气储备基地,不仅为洋浦经济开发区港航产业发展提供现代化的基础设施,还将把洋浦打造成面向东南亚、背靠北部湾的区域性航运枢纽、物流中心和出口加工基地提供重要支撑,为海南省油气工业提供相对稳定的原料保障。

5. 政策条件

海南自由贸易港方案及相关配套政策的出台,在人才引进、税收优惠、跨境贸易、园区建设等方面对油气工业发展具有利好作用。自然资源部明确提出的"与海南共同推进南海油气勘查开采管理改革试点工作"工作部署,将赋予海南省在油气勘探开发方面更多的权限,并获取相应的收益。随着营商环境的优化,深化"放管服"改革,聚焦贸易投资自由化便利化,可为开展化工品进出口、中转贸易、仓储等物流服务创造条件,加快服务业创新发展。其中,洋浦是国家级经济开发区,区内还设有保税港区,享受开发区和保税港区的政策优惠,也是我国第一批新型石化产业基地,是国家鼓励发展的油气工业聚集区;东方临港工业园地处少数民族地区,享受国家西部地区开发的各种优惠政策。

二、存在的问题

由于海南省油气工业起步较晚,虽然目前取得了较大的成就,但是先天基础薄弱、配套不完善、生态约束和较高的油气工业门槛等诸多问题,不能充分的发挥资源、区位、港口等天然优势,阻碍油气全产业升级,加之缺乏自主核心技术和不完整的油气产业链,使得海南的多元化油气产业体系建设始终无法形成闭环,不能较好地融入以工业化进步为主要特征的世界产业升级浪潮中。

1. 资源探明程度和采出程度低,深远海经济效益差

一是开发主要集中在争议较小的南海北部海域。比如中海油在南海开发的14个矿区中,主要集中在北部海域,而中南部的矿区,除了2014年海洋石油981钻井平台在中建南盆地海域进行1号井和2号井钻探作业外,其余基本无工作量投入。中石油目前也主要是在海南的福山、广东的三水探区工作。

二是南海北部近海盆地油气资源探明程度和采出程度较低。截至2020年底,我国南海北部四大盆地累计探明原油地质储量15.88亿t,探明率为13.99%,累计原油产量3.73亿t,采出程度23.49%;探明天然气地质储量7389亿 m^3,探明率仅5.87%,累计天然气产量1569亿 m^3,采出程度21.23%。尚有绝大部分资源量有待探明,油气资源采出程度低,更多的油气资源处在休眠状态待开采。

三是深水油气开发成本高,经济效益差。近年来,我国海洋油气勘探开发技术有了大幅度提高。勘探装备发展很快。随着技术装备的日益进步,地质认识的不断突破,我国在南海北部深水区的油气勘探获得了重大突破,陵水17-2气田已经累计采出天然气20多立方米,陵水25-1也即将建成投产,但是,深水气田的勘探投入巨大,生产成本极高,导致经济效益差,严重制约着油气勘探开发事业的发展。

2. 油气工业集聚程度不高,市场容量小

经过多年的发展,海南油气工业已经基本形成以中海油和中石化等大型企业为核心的工业集群,但空间上比较分散,且这些集群所产生的溢出效应不是很明显,产业链布局延伸、互补性和竞争能力不强,一定程度上制约了对海南省油气产业的发展,因此油气工业协同优势仍待加强。

另外,海南总体经济发展水平低,工业基础薄弱,能源消耗小,用作工业能源的石油天然气较少;油气加工的产品,主要是出口港澳以及东南亚市场,本地市场容量较小,消费能力有限。

3. 配套设施不完备、不均衡

海南省两大园区水、电、蒸汽供应设施和港航设施、应急救援设施等配套建设水平需进一步提高;远海油气田远离祖国内陆,周缘政治形势复杂,且海洋环境特征与南海北部有显著差异。一旦开展南海中南部勘探开发作业,后勤物资保障困难,且缺乏台风及井控等紧急情况的应急保障方案;天然气环岛管网尚未成型,存在"西强东弱"不均衡的情况,管网密度影响资源调度和应急储备调峰能力,全省天然气资源的统筹调配供应有待提升,与省外管网互联互通实现油气资源互补需进一步加强。

4. 作业主体单一,基础不够雄厚

海南省的企业规模普遍较小,存在"小、散、弱"的现象,大企业数量相对较少(大企业拥有大量技术人员,科研能力强,是推动海南省油气工业技术进步、集成创新和科研成果转化的重要主体,而且大企业进行的并购活动所造成的资产转移是结构化调整的有机组成部分,可以促进海南省油气工业的结构调整),目前仅有以中海油为主,中石油、中石化为辅的三大油公司在南海进行油气资源勘探开发,主体缺乏多元化,且石化产业基础不够丰厚,陆上的产业园区油气产量有限,省管辖内的海洋油气这一最大的天然气优势尚未发挥出来,因此在一定程度上限制了海南省油气工业的发展。

第三节 乘风破浪之举

海南油气产业发展有着很好的天然优势和各种利好形势,也同样面临着诸多问题。海南省从省政府到矿产资源主管部门、地方技术单位,主动作为,积极对接国家相关部委,按照自然资源部工作部署,以抓好油气矿业权监督为牵引,以服务油气企业勘查开采活动为抓手,紧紧围绕以保障油气勘查开采带动油气产业发展为目标,密切跟踪南海油气勘查开采工作动态,积极谋划与自然资源部共同推进南海油气勘查开采管理改革试点工作,以壮大海洋油气产业发展、保障国家能源安全为依托,努力将海南打造成为全国海洋油气产业发展体制改革的新标杆。

一、规划引领,擘画蓝图

早在 2018 年,海南省国土资源厅就组织海南省海洋地质调查研究院编制了《海南省油气资源基础性勘查规划(2017—2035 年)》及《海南省油气开发规划(2017—2035 年)》(以下简称《规划》),按照近期、中期、远期发展目标,对南海海域油气勘探开发进行统一规划和部署,并将天然气水合物勘查开采纳入到规划中,海南省因此成为全国唯一完成辖区油气勘探开发规划编制的省份。自然资源部油气战略研究中心组织专家团队对两个《规划》进行了论证,专家认为:规划的目标符合当前的地质认识和资源条件,并分别从人、财、物、政策法规等方面为规划目标的实现提出了保障措施,是全面落实党中央国务院工作部署的重要举措,也是当前国家层面正在谋划的重要内容,对于推进海洋油气资源勘探开发、维护海洋权益等国家战略具有重要意义。

2020 年 12 月 4 日,中国共产党海南省第七届委员会第九次全体会议通过《中共海南省委关于制定国民经济和社会发展第十四个五年规划和二〇三五年远景目标的建议》,其中,在"更好服务海洋强国战略"中要求"加大天然气水合物、油气等海洋资源勘探开发力度,建设澄迈海上油田生产服务基地。""推进'气化海南'建设,建成'田'字型供气主干管网和环岛天然气管网复线工程,推进燃气下乡'气代柴薪',在重点区域建设分布式天然气能源站。"

2022 年 9 月 21 日,海南省自然资源和规划厅、海南省发展和改革员会、海南省工业和信息化厅联合印发了《海南省油气产业发展"十四五"规划》。该规划以海南传统油气产业优化升级及统筹海洋资源开发和保护为切入点,以战略性新兴产业和国家重大工程的高端产品需求为导向,突出发展油气勘探开发业务,推动海南中国特色自由贸易港建设,更好地服务和融入"海洋强国"和"一带一路"倡议等国家重大战略。

上述规划为海南省油气产业链中的上、中、下游各环节制订了发展目标，设立了重点项目，提出了保障措施，为海南省油气产业发展绘制了宏伟蓝图。

二、省部合作，推进改革

为有效推动油气改革，海南省自然资源和规划厅于2018年设立了"海南省油气矿业权监督管理模式研究"项目，项目分析了我国油气资源勘查开发监管现状以及各改革试点省份的矿业权监管模式，结合南海油气矿业权基本情况，提出了符合海南省省情的油气矿业权监管建议。此外，还研发了"南海油气矿业权数据库"平台（图7-1），实现了对油气资源成果数据、基础地理数据、专题数据等进行集中、统一、优化管理，以及油气资源相关数据的存储、查询、展示、更新、分析、导出，为油气资源勘查开采管理提供丰富的数据支持；编制了《海南省油气管理条例（草案）》，覆盖了油气资源保护、勘查、开采、利用、监管等环节，为海南省承接国家下放油气资源监管权做好准备。

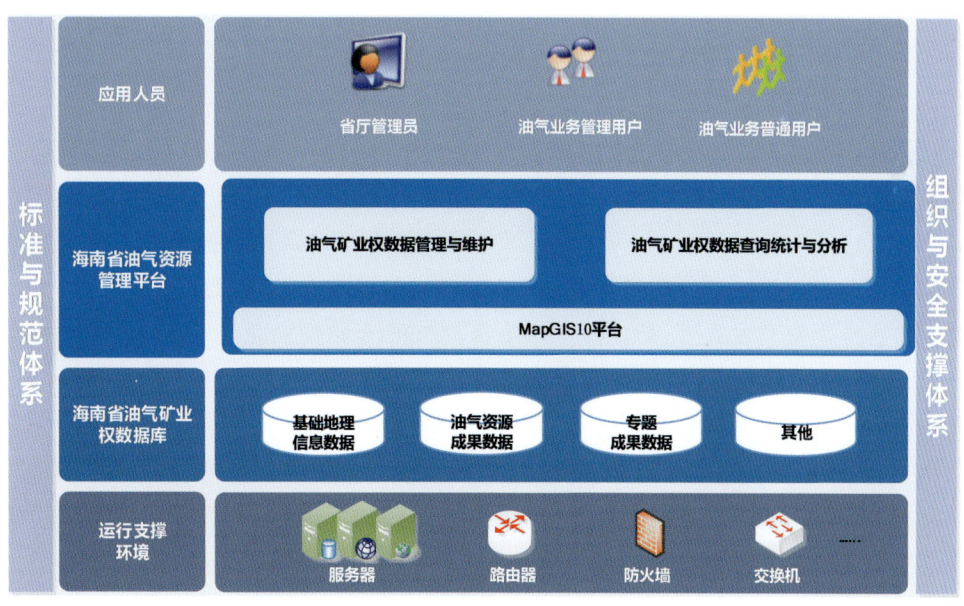

图7-1　南海油气矿业权数据库总体构架

在自然资源部指导下，海南省在南海油气矿业权的空白区开展了多轮的区块评价优选工作，为油气改革的关键工作——油气区块竞争性出让工作储备了可供出让的区块，自然资源部已将其中3个油气区块纳入油气矿业权出让计划。海南省还完成了油气区块挂牌出让方案和有关出让文件的编制工作，升级改造了海南省矿业权交易系统，使其能够满足油气矿业权的线上交易需求。该系统油气网上交易板块已完成测试，于2021年9月9日正式上线，为做好下一步南海油气勘查区块挂牌出让工作提供保障（图7-2）。

图 7-2　海南省油气矿业权出让网站页面

三、搭建组织,保障有力

2018年4月,为贯彻落实习近平总书记《在庆祝海南建省办经济特区30周年大会上的讲话》和《中共中央 国务院关于支持海南全面深化改革开放的指导意见》(中发〔2018〕12号),推动海南省人民政府与自然资源部、中国海洋石油集团有限公司关于推进南海重点海域天然气水合物勘查开采先导试验区建设战略合作协议实施,根据自然资源部有关要求,加大南海油气等矿产资源勘查开发力度,积极推进南海天然气水合物商业化开采,海南省人民政府成立了以副省长任组长的"海南省天然气水合物勘查开采先导试验区筹建工作领导小组",领导小组办公室设在海南省自然资源和规划厅。

截至2021年12月,领导小组几经调整后,更名为"大力提升海洋油气勘探开发与产业发展领导小组",由海南省人民政府主要领导担任组长,并在海南省自然资源和规划厅下设领导小组办公室,具体落实相关工作。

海南省国土资源厅(现为海南省自然资源和规划厅)与海南省地质局于2017年7月共同成立推进油气资源勘查开发工作协调领导小组(下称"油气办"),此后,各个时期的涉油气领导小组下设的办公室都设在油气办,主要承担海南省参与推动南海重点海域天然气水合物先导试验区建设,配合自然资源部推进南海油气勘查开采管理改革试点,落实海南省大力提升油气勘探开发力度专项协调工作领导小组办公室工作职责。油气办成立以来推动了多个涉及油气勘探开发的重大工作进展,包括重点海域天然气水合物先导试验区建设、中国地质调查局南海地质科技创新基地落户三亚、南海油气资源勘查开采管理改革试点等重要工作。

领导小组负责组织、领导、统筹、协调推动南海油气资源管理改革工作,全面推进油气资源勘探开发、天然气水合物先导试验区(以下简称"先导试验区")建设工作以及全产业链发展,指导市县政府、相关单位贯彻落实海洋油气产业发展部署,协调解决勘探开发、先导试验区建设过程中存在的困难和问题及其他需要领导小组研究讨论的重大事项。这些都为海南省油气产业的发展提供了有力的组织保障。领导小组办公室作为执行领导小组决策部署的工作团队,为推动海南省油气产业发展做出了重大贡献。

四、他山之石,可以攻玉

针对海南省油气勘探开发技术力量薄弱等短板,海南省克服自身不足,充分借助省外技术力量,促进油气产业健康蓬勃发展,带动服务保障、科技研发、装备制造、金融服务等相关行业创造更多增值效益,为自贸港建设注入更加充沛的活力。

1. 引入科研院所,加强企地合作

2019年2月13日,三亚市委、市政府印发《三亚崖州湾科技城管理局设立方案》,正式成立崖州湾科技城管理局,推动南繁科技城、深海科技城和全球动植物种质资源引进中转基地等自贸区先导性项目建设。其中,深海科技城规划面积约$5.39km^2$,是以海洋科技产业为核心,重点聚焦深海科技、海洋产业和现代服务三大领域。在深海科技方面,主要发展深海装备、深海材料和深海通信等;在海洋产业方面,主要发展海洋船舶、海工装备和海洋公共服务等;在现代服务方面,主要发展会展服务、金融服务和商务服务等。目前已有上海交通大学、浙江大学、中国海洋大学、武汉理工大学、东北石油大学等与海洋油气专业有关的高校,中国科学院深海科学与工程研究所、中国科学院南海海洋研究所、中国地质调查局南海地质科学院和广州海洋地质调查局三亚南海地质研究所等科研机构,以及中船重工、中船工业等涉海企业入驻。其中,以中国地质调查局南海地质科学院和广州海洋地质调查局三亚南海地质研究所为主体的南海地质科技创新基地主要承担琼东南海域天然气水合物勘查开发先导试验区建设、南海油气和基础地质调查研究、南海岛礁和海岸带综合地质调查、海南自然资源综合地质调查、南海自然资源战略和海上丝绸之路地学研究以及海南自然资源数据集成与应用等工作。

在加强与央企合作方面,除了积极邀请并协助中海油在海口设立海南分公司外,海南省政府还分别与中石油、中海洋签订战略合作协议,根据协议,签约方将在海洋经济、清洁能源、金融贸易、人才服务等领域进行深层次、全方位长期战略合作,建立协同创新、共同发展的合作机制,实现合作共赢。

2019年6月,海南矿业股份有限公司收购澳大利亚独立油气公司洛克石油有限公司51%的股权并完成交割,海南矿业正式涉足油气业务,开始了"铁矿石+油气"双主业战略构建的发展之路。目前,洛克石油的业务集中在中国、马来西亚和澳大利亚地区。洛克石油中国区拥有与中石油合作的渤海湾盆地赵东油田、四川盆地八角场气田,以及与中海油合作的北部湾盆地涠洲6-12/12-8油田西区和12-8油田东区等在产项目,涠洲10-3油田西区待开发项目,北部湾盆地22/04和珠江口盆地03/33勘探区块。其中,赵东油田创造了连续八年保

持年产原油百万 t(2005—2012 年)的成绩,目前处于延长生产期,生产平稳顺利且生产效果远远超出预期;八角场气田已高效运营超过 1 周年,该气田日产量目前在 80 万～130 万 m^3 之间;北部湾盆地 22/12 区块(包括长期稳产的涠洲 6-12 油田/12-8 油田西区以及近期顺利投产的涠洲 12-8 油田东区)运营良好,产量稳定;涠洲 10-3 油田西区开发项目目前紧围绕油藏方案优化、钻完井及海洋工程降本增效的开发方案,进一步深化地质认识、优化地质模型,优化涠洲 10-3 油田西区地质油藏方案,并根据最新优化地质及油藏模型计算工程量,优化钻完井方案,寻找更加经济的钻完井方式,同时开展商务协助及谈判,围绕项目的经济可行性,着眼优化钻完井和生产方案,降低作业时间和费用。勘探方面,珠江口 03/33 区块勘探井于 10 月 5 日进行了 DST 测试作业,获单层自喷平均日产原油超千桶的高产工业油流,将极大提升对南海东部陆丰 13 西洼、西次凹甚至是惠陆低凸起区域的勘探信心,有望形成新的勘探热点区域;北部湾 22/04 区块勘探项目的钻井工作也正在紧锣密鼓安排实施勘探井作业。

2. 多元形式,借助省内外最强大脑

海南省内油气行业专家少,发展油气产业存在后天严重不足,而我国在油气行业的专业人才储备雄厚,因此,海南省相关部门以学术会议等形式,邀请国内外知名专家出席,为海南自贸港油气产业发展出谋划策。

深海能源大会由海南省人民政府、中国工程院和中国海洋石油集团有限公司共同主办,自 2015 年举办首届大会以来,已成功举办 5 届,形成了专业化、高层次的鲜明特色。大会现已成为海洋能源领域开展学术交流、参与行业发展、传播和发挥中国影响力的重要平台。大会的会议规模、规格和影响力逐年提升,目前已成为国内深海领域规格最高、规模最大的盛会,吸引了政府部门、学术界和企业界的积极参与,共同探讨深海能源开发技术发展新趋势,剖析解读油气能源高质量发展的重要意义,探索我国深海能源合理高效的开发利用之路,为促进海洋能源科技创新、人才交流、成果转化发挥了积极作用。

海南省还经常性举办各类与油气产业发展相关的学术研讨会,邀请省内外专家学者做学术报告。比如,2019 年 8 月 27 日,围绕加快推进南海天然气水合物产业化进程,召开了以"天然气水合物试采工艺研发创新"为专题的工作推进会议。2020 年 7 月 29 日至 31 日,海南省主办的"海南自贸港油气产业发展战略研讨会"在海南洋浦经济开发区召开,会议聚焦南海油气和天然气水合物资源勘探开发的最新研究成果,业内 40 余位专家为南海油气和天然气水合物资源勘探开发中存在的问题和海南自贸港油气产业发展建言献策。诸如此类,不一一罗列。

除了举办学术会议外,海南省与中国地质调查局建立部省干部双向挂职锻炼和人才联合培养机制,加强部省深层次合作,加快推进南海油气勘查开发改革试点工作以及重点海域天然气水合物勘查开采产业化进程。

第四节 扬帆逐梦之策

展望"十四五",南海地缘政治博弈加剧,能源的供给安全依然面临严峻挑战,同时,随着海南自贸港建设稳步推进,"生态立省"战略的深入实施,海南省油气工业面临结构转型升级和安全环保严格化的挑战。在未来,海南自贸港作为我国对外开放的桥头堡,充分发挥其优势,以传统油气工业优化升级为切入点,带动技术服务关联产业协同发展,提高服务保障基地支撑能力建设;以现有炼化一体化和天然气加工项目为支撑,以战略性新兴产业和国家重大工程的高端产品需求为导向,聚焦绿色清洁做优油气产业链,推进油气产业精细化发展;创新体制机制,推动创新要素与产业融合发展,积极支持海南中国特色自由贸易港建设,服务和融入"海洋强国"和"一带一路"倡议等国家重大战略。

一、多措并举,提升南海油气资源勘探力度

能源安全是事关国家长治久安的重大战略,新时期"双碳"目标与国家能源安全必须双手齐抓。欧洲能源供应危机和乌克兰危机以来出现的能源"武器化"趋势,都给世界以警示,"双碳"战略要在保障国家能源安全的基础上擘画。据国家能源局油气战略中心预测,2060年我国石油需求量为3亿t,天然气需求量近6000亿m^3,碳排放约为27亿t。因此,"稳油增气"与"双碳"目标并行不悖,要继续大力提升油气资源勘探开发力度,实现"稳油增气",解决在中美对抗关键期能源安全的问题。

一是大力推动油气相关规划落地实施,以更大力度增加上游投资,助力保障经济运行和民生需求。海南省已编制了油气勘探开发专项规划、海洋油气产业发展专项规划等围绕油气工业全产业链的规划,以及其他涉及油气产业的规划,应该大力推动相关规划落地实施生效,更好地发挥规划的引领和指导作用,引导海南自贸港油气产业做大做强。

二是要加快推进南海油气体制改革进程。不同于陆域,南海因其特殊性,在油气勘查区块出让过程中面临的问题颇多,比如对作业船只的要求、勘探获取的基础资料数据安全等一系列问题。为又快又稳地推进南海油气体制改革,建议:①加快推进油气区块出让,改革的问题在改革中解决,勘查区块出让后的问题应留待出让后继续深入研究解决方案;②积极与军方合作,争取更多支持,将南海油气资源勘探开发打造成军民融合发展的典范,推动油气改革稳步快速向前,提升油气资源勘探开发力度,保障国家能源安全,服务海南自由贸易港建设。

三是油气勘探开发企业要加快科技攻关,攻克基础地质难题,积极推进深水、深层等新领

域、新层系勘探取得突破性进展,提高油气资源探明程度。当前,南海北部浅水区油气勘探程度较高,但是资源探明程度不高,成熟勘探区开发潜力不大,绝大部分资源潜力仍然处在待发现的状态。从事油气勘探开发的企业和相关科研院所要加大科技投入,加快形成油气基础地质认识新突破,创新发展油气成藏新理论,加强勘探开发技术装备能力建设,特别是提高地震资料采集和处理能力,提升地震资料品质,在"十四五"勘探成果的基础上,继续在深水、深层等新领域和新层系取得更大的勘探成果。

四是加快深水装备的研发和引进,提升深远海油气勘探开发能力。首先,依托南海资源开发服务保障基地,充分利用亚洲湾深海科技城内涉海科研院所、企业的集群效应,发挥中国科学院深海科学与工程研究所、中船重工、南海地质科技创新基地等机构的装备研发优势,加强原创性、引领性科技攻关,加快深水自主装备的研发,推动海洋油气勘探开发装备实现高水平自立自强,把装备制造牢牢抓在自己手里,努力用我们自己的装备开发油气资源,提高能源自给率,保障国家能源安全。其次,要充分利用海南自由贸易港一系列优惠政策,引进国际先进的海洋油气勘探开发技术装备及其制造技术和人才,提升海洋油气装备制造能力和水平,加强海南省深远海油气勘探开发建设能力,为我国深远海油气勘探开发做好技术能力储备。

五是加大科技研发的力度,完善海南省油气工业配套,充分保障远海开发、中转、补给的海上基地以及维护等后勤服务,打造集海洋油气勘探开发指挥中心、陆上综合保障基地、生产支持基地于一体的"一总部两基地"海洋油气资源开发和服务体系,为实现海南省油气工业蓝图添砖加瓦。

二、组建自贸港油气全产业链智库

任何产业的发展都离不开智力支撑,海洋油气工业具备高科技、高风险、高投入的特点,更是如此。因此,组建自贸港油气全产业链智库迫在眉睫。

建立由行业专家、企业家、投资者、学者等组成的专家咨询委员会,定期就产业发展过程中的前瞻性、战略性重大问题开展研究论证,为产业发展提供决策支撑。它的宗旨是坚持立足社会需求,坚持开放共赢,树立全球视野,注重国家能源政策与战略性问题研究;聚焦油气经济领域重点难点热点及综合性问题研究;推动油气产业与区域经济社会协调发展和高质量能源体系建设研究,打造政产学研综合平台,推动成果产出及转化,倾力建成"能源智囊,国家智库"。

智库基本职能包括为国内外油气组织搭建信息共享、资源共享、成果共享的交流合作平台;研究论证油气产业发展的前瞻性、战略性重大问题,为政府职能管理部门提供政策建议,推动智库研究与政府决策良性互动;以智库合作促进联盟单位对话沟通,增强互鉴交流,为联盟企事业单位提供高水平的智力支持与服务;围绕"一带一路"倡议与国际产业合作,开展战略性研究,为国际对外战略合作与企业国际化经营,提供参考意见和建议。

三、用好现有政策,灵活创新政策

充分利用海南自贸港相关的优惠政策,发挥政策的引导作用,推动油气产业的发展。推动在国家层面建立远海油气开发联席协调机制,争取出台海上、深水油气田相关财税优惠政策,符合条件的项目依法依规享受税收优惠政策。

(1)从政策上加大对高温高压与深水油气资源勘探和开发的支持力度。当前,我国油气深海勘探能力已实现历史性重大跨越,但深水与高温高压油气资源的勘探与开发成本相对较高,是常规浅水勘探与开发成本的数倍,建议针对超深水油气田和高温高压气田开采的天然气给予相关财税优惠政策。

(2)实行"零关税"政策,利用好深水设备。目前,我国在南海的油气开发主要集中在南海北部海域,其中深水区是未来我国海洋油气勘探和开发的重点海区。但是,我国的深海油气田水下生产系统的装备研制与安装还处在起步阶段,存在数量少、类型单一、配套基础和能力不足的问题,与世界发达国家存在一定的差距,因此,进口深水设备仍然是今后一段时间内国内企业必然的选择。将企业进口自用的昂贵的深海勘探开发设备,纳入海南省自由贸易港"零关税"负面清单管理,能够给中海油、中石油等企业带来极大实惠,甚至吸引国外一些深海设备的制造业工厂落户海南,贯彻海南全面深化改革,推进南海油气加大勘探开发力度。

(3)出台扶持天然气水合物勘探开发的补贴政策。加大对天然气水合物研究的投入,力争在最短时间内实现可燃冰勘探开发突破,在能源领域掀起一场可以媲美美国"页岩气革命"的"可燃冰革命",提高我国能源自给率,保障国家能源安全。对于具有天然气水合物与浅层或深层气田叠置成藏的海域,鼓励利用已有的油气生产平台综合开采。

(4)拓宽投融资渠道。由国家主导,多方参与,设立南海资源风险勘探投资基金和开发产业引导基金,用于南海油气风险勘探和开发建设;争取更多资金投向南海资源合作开发,以相关国家人口、经济总量为基础,成立亚洲能源投资集团,其中60%的权益由区域内国家按人口和经济规模、国土面积确认基本份额,40%的权益作为优先投资由域外国家认购,开展贷款换油气的业务,推动南海油气勘探开发国际合作;增强洋浦能源国际交易中心功能,筹建国际碳排放交易中心,为南海油气勘探开发引入更充足的资金流,同时提升海南自由贸易港的影响力;支持在海南省落户的涉海高新技术企业利用股权、知识产权开展质押融资,规范、稳妥开发航运物流金融产品和供应链融资产品,使海南自贸港成为国内金融双向开放的发展前沿地。

(5)加大科技投入,设立南海油气资源勘探开发重大科技专项,以海南省为主导,建立同国家发展和改革委员会、工业和信息化部、财政部等中央部委的信息沟通平台,争取科技部、自然资源部、能源局等相关部委支持,围绕国家战略规划要求,积极争取支持政策、扶持资金和重大项目,保障海洋油气科研经费的稳定投入;推动石油公司与国内银行、社保基金等金融机构合作,共同投资组建深水工程技术服务公司,通过上市、参股单船公司等形式,促使工程技术向高端提升,扩大市场规模,同时掌握核心技术和关键装备操控权;实施"石油创新计划"等补贴政策,推动自主深海采油工程技术的研发和利用。

（6）吸引人才企业，打造南海油气勘探与开发的技术研发高地，加强海南的南海维权和开发服务保障能力建设。切实利用好建设中国特色自由贸易港的特殊政策和专项资金支持、百万人才引进计划，从国内外吸引一批拥有核心团队和掌握核心技术的海上油气勘探与开发研发机构进驻，实行更加开放的人才和停居留政策，打造人才集聚高地；同时，鼓励和支持一批上游技术创新企业、油气数字化企业落户，减免征收企业所得税，依法有序推进人工智能、大数据、云计算等金融科技领域研究成果在海南自由贸易港率先落地，形成南海油气勘探开发技术重镇，为南海勘探开发技术高地提供智力支持和人才保障。

四、扩建油气储备基地，完善油气产品交易机制

海南省在建立石油天然气储备基地方面具有天然的地理与政策的优势。海南拥有优良的深水良港条件，拥有 34 个万 t 级泊位，海上运输条件得天独厚。其中，洋浦港拥有两个 30 万 t 级原油专用码头、多个成品油码头和液体化工码头，可接卸原油、成品油、液体化学品等 100 多个品种。东方八所港是海南大型深水良港之一，属国家一类开放口岸，现有生产性泊位 12 个，其中万 t 级以上（含 1 万 t 级）泊位 8 个，可与世界 20 个国家和地区直接通航。

海南岛周边有中大型天然气田 13 个，部分处于开发末期，其中崖城 13-1 气田更是接近枯竭，即将停产。这些气田生产设施、输送管道完备，在完成相关评价工作并加以适当改造后，可以考虑建成国家储气库。

依托国际能源交易中心，以国家"一带一路"倡议为引领，兼顾国内、国际两方面的能源交易战略需求，以还原油气产品属性为宗旨，从国家能源发展战略和完善能源交易机制、价格机制的大局出发，争取国家油气产品贸易资质，开展跨境结算试点，建立面向亚太、东南亚的国际性油气产品交易平台，打造独具海南特色、服务全球的市场交易环境，为争取我国在国际能源交易市场的话语权、完善形成基于我国市场因素的油气产品定价机制以及拓展国际能源交易互联互通的开放新格局做出贡献。

五、数字化、智能化管理服务促进创新增效

加强数字化、智能化技术开发应用，促进创新与产业发展的深度融合，夯实高质量发展的支撑体系。通过物联网、人工智能、大数据、云计算等先进信息技术手段与海南省油气工业核心业务相结合，优化信息管理和服务，清晰掌握产销流程、提高生产过程可控性、减少流程线上人工干预；即时正确采集生产线数据，合理编排生产计划与进度，把绿色智能手段和智能系统等技术集成，构建高效节能、绿色环保、环境舒适的人性化智慧工厂，实现海南省油气工业链的协同创新、高效运营和价值提升。

六、延伸做优产业链,加快炼油化工转型升级

优化发展油气开发及产业链,配套发展高端精细化工,进一步延伸产品链以生产高附加值化学品,形成与市场需求结构相匹配的产能。推动洋浦、东方两大石化园区实现差异化发展,形成"一区两翼"的石化产业布局。洋浦经济开发区石化产业以炼化一体化为龙头,差异化、高端化发展乙烯下游产业链,加快 150 万 t/a 乙烯装置海南炼化一体化二期项目建设,配套生产高端化工新材料;东方园区以碳一化工、聚氨酯为主要特色,做优天然气化肥、炼油化工、精细化工产业链。加快"120 万 t/a 富二氧化碳天然气制甲醇""20 万 t/a 丙烯腈"和"40 万 t/aABS"等新建项目的进程。

积极优化产品结构,重点发展高技术含量、高附加值产品,降低能耗和成本,培育竞争新优势。围绕做精、做强、做优的目标,不断推进产业链延伸,向化工新材料方向转型升级。加快构建提升洁净油品和现代化工核心优势,鼓励和引导企业由"炼油型"向"化工型"转变,推进油气从能源属性向化工原料属性转移,推动化工原料向高端材料延伸,实现产业转型升级。

油气产业作为海南 12 个重点产业之一,与新加坡发展油气石化产业的内部条件方面有若干相似之处:岛内市场狭小,原材料和成品两头在外,高度依赖对外贸易和外来资本;而且海南油气石化企业相对集中在特定园区(洋浦经济开发区和东方临港产业园),为产业聚集、上下游一体化发展提供了空间;同时海南拥有良好的港航和物流条件,能为油气化工产业提供强有力的支撑。作为成熟的自由贸易港,新加坡的经验与海南自贸港建设有较强的可比性,可供海南参考。新加坡石化产业发展原料和成品市场两头在外,却仅仅只用了 20 多年时间就发展成为世界级的石油化工生产基地,是世界第三大炼油中心、世界石油贸易枢纽和亚洲石油产品定价中心,石化产业是新加坡的经济支柱。除此之外,新加坡还是全球最大的自升式石油钻井平台制造国,独占全世界 70% 的市场份额。因此,海南作为中国特色自贸港,要加强与新加坡的交流、合作,深入研究新加坡石化产业的产业规模、产业链、经营模式、对外贸易等方面的特点,充分学习和借鉴新加坡在产业集群化发展、国际市场开拓、科技创新能力建设、合资合作等方面的经验,把握世界化工产业调整和升级的契机,主动融入"一带一路"建设和南海能源开发战略,以现有炼化一体化和天然气加工项目为支撑,采取积极的财政、金融、人才支持政策,鼓励外资及各类社会资本参与,增强洋浦、东方石化产业集群服务。以产业发展需求为导向,坚持改革创新与高科技双轮驱动,重点聚集和培养一批产业紧缺科研、技术和专业人才,推动油气石化产业进一步向低碳循环、集群化和知识密集型升级发展,提升自贸港石化产业的发展水平,做强做大海南油气产业。

七、加强用海用地协调,推动海洋油气勘探开发

当前,南海北部油气勘探开发受到用海用地的限制十分突出,各大盆地均有非常丰富的油气资源分布在各类生态保护区内,尤以北部湾盆地和珠江口盆地最为严重,约有 80% 的地

质资源量无法开展勘探开发工作。陆域上福山油田则面临着井场用地征租越来越困难的局面,在勘探初期,多采用直接租用村民土地,当勘探有突破、需要建井场开采时,就会需要征用原来的临时租地,需要多部门审批用地。

因此,从事油气勘探开发的企业要和生态环境管理部门沟通协调好油气勘探开发作业与环境保护之间的关系,一方面加强自我管理,另一方面争取生态保护红线科学适度调整,让油气勘探开发有更多的合理空间;企业也要和自然资源管理部门加强对接联系,自然资源管理部门要协调好地下深部的油气勘探开发与浅表层的资源开发利用之间的关系,积极为油气勘探开发给予合理的用海用地安排。

八、加强油气产储输环节的环境保护

牢固树立创新、协调、绿色、开放、共享的发展理念,深入落实"双碳"目标要求,处理好油气工业发展与生态环境保护可持续性关系,以需求低碳化、开发过程绿色化和产品清洁化为目标,推动高碳排放业务加快向高端化工领域的转型;完善油气存储设施,严格按照安全、卫生防护距离进行选址,严格按照工艺、材料和安全标准设计建造,严格设置消防、防渗、防自燃等防护措施;加强油气管道布局与保护,优化运输方式,最大限度地减少运输过程中产生的损失和对环境的影响。

九、开展二氧化碳封存地质空间探测和评价

2021年7月16日,全国碳市场正式拉开帷幕,首批电力企业被纳入市场进行履约。依据规划,在"十四五"期间,石化、化工等八大高能耗行业将逐步纳入该市场交易。目前中国石油和化学工业联合会正在做有关石化行业的碳核算体系、碳中和的标准立项。按照生态环境部发布的《碳排放权交易管理规则(试行)》等文件规定,2013—2018年期间任何一年二氧化碳年排放量超过2.6万t油当量的企业都将被纳入全国碳市场。项目通过收集国内各大石油公司的碳排放资料,通过对比基准线法分配的碳排放配额,预测碳排放缺口。

紧跟国家"双碳"目标,运用地质思维,在海南岛周边海域开展二氧化碳地下封存空间的勘查工作,对地下地质空间进行储集性能、封盖性能、地下物理化学条件等进行评价,计算二氧化碳地质封存量,在碳封存领域给出地质解决方案,为实现"双碳"战略目标做出应有贡献。积极推广福山油田CCUS项目成果应用,在排放端消耗二氧化碳,减轻碳排放的源头压力,为海南自由贸易港发展争取更多的碳排放权。

2022年5月12日,海南省自然资源和规划厅牵头组织召开"南海资源开发与地质碳汇"座谈会,会议以党中央、国务院关于碳达峰、碳中和的重大战略决策为出发点,研究落实海南省政府工作报告提出抢占海洋碳汇研究制高点、大力发展碳金融、探索生态产品价值实现海南路径、实施"蓝碳增汇"示范工程,争当"双碳"工作优等生的工作目标,聚焦南海油气资源绿色零碳开发,提出以"零碳南海、蓝碳增汇"为主题的基本思路,加快先进适用技术研发应用、

配套政策研究,推进二氧化碳捕集利用与封存示范建设,充分利用油气田开发生产平台、海陆集输管道和船舶运输管道等设施,打造千亿级南海油气和碳汇全产业链平台,服务海南自贸港建设和国家重大战略。

十、推动南海中南部油气资源共同开发形成突破

加强策略研究,加大与周边国家合作,推进南海中南部远海海域油气资源的共同开发。积极推动南海中南部盆地对外合作油气勘探开发,以对外合作促进油气勘探研究认识,力争早日实现勘探作业,为国家能源安全进一步贡献力量。

以中菲合作为突破点,把握有利时机、选择合适区域,推动共同开发取得突破。中国自20世纪80年代提出"搁置争议、共同开发"构想以来,就同菲律宾进行了许多有益的且具有开创性意义的探索和尝试。2022年7月6日,菲律宾总统马科斯表示,南海问题不是菲中关系的主流,不应限制和妨碍双方合作,在"不影响双方主权和海洋权利主张、不影响双方关于海洋法等问题的立场"这一前提下,菲律宾有意愿重启同中国在南海的石油和天然气联合开发谈判,以扩大菲律宾能源来源的多元化,菲律宾政府释放的这一积极的信号让两国南海油气合作迎来了新的曙光。以中菲油气合作为先导带动中菲南海全方位的海上合作,中菲之间的政治互信会得到进一步加强,同时两国探索形成的可行合作模式也可为中国与东盟国家海上务实合作提供借鉴,进而带动我国与南海沿岸国的海上全面合作,建立南海油气勘探开发国际合作示范区,以示范区合作模式为范本进行推广,影响、辐射、带动周边国家共同参与南海油气资源勘查开发,分享南海油气资源勘查开发红利,使南海油气资源勘查开发惠及区域内国家和人民,推动共同开发务必督促各方杜绝启动新的单方开发活动,引领南海形势由大国地缘政治竞争回归到南海争议当事国对话、合作的正确轨道,降低中国东盟关系中的"南海因素",将南海打造成和平之海、合作之海和友谊之海。

主要参考文献

布奎斯,2012.石油天然气的未来[M].北京:石油工业出版社.

曹斌,张震,杜国敏,等,2014.加拿大原油生产和贸易现状及趋势[J].石油规划设计,25(3):4-7.

柴建,林婕,梁婷,2021.北美市场原油和天然气联动性研究:基于贝叶斯DCC-GARCH和LSTAR模型的实证分析[J].管理评论,33(7):16-28.

陈慧敏,宋艳萍,薛焘,等,2021.新加坡石化产业发展特点及启示[J].油气与新能源,33(5):10-14.

崔静文,2020."一带一路"背景下中国与卡塔尔能源合作研究[D].哈尔滨:黑龙江大学.

崔守军,2015.中国与巴西能源合作:现状、挑战与对策[J].拉丁美洲研究,6(47):46-55.

戴厚良,苏义脑,刘吉臻,等,2022.碳中和目标下我国能源发展战略思考[J].石油科技论坛,41(1):1-8.

单卫国,2019.国际油价走势与欧佩克未来前途[J].国际石油经济(2):1-10.

单卫国,程熙琼,王婧,2020.欧佩克60年石油市场战略演变及未来发展前景[J].国际石油经济(9):1-9.

冯跃威,2003.石油博弈[M].北京:企业管理出版社.

冯跃威,2019.读懂油价,走上神坛的WTI油价[J].能源(8):60-64.

傅国华,马恺阳,张德生,2022.构建现代产业体系背景下海南自贸港产业结构优化研究[J].海南大学学报(人文社会科学版),40(2):92-99.

富景筠,2019.俄罗斯与欧佩克:竞争与合作的复杂关系[J].学术交流(9):186-187.

富景筠,2019.页岩革命与美国的能源新权力[J].东北亚论坛(2):113-126.

郝存河,2020.原油期货与原油储备研究[J].中国证券期货,4:17-29.

何鸿,2021.页岩革命及低碳技术冲击背景下"欧佩克+"的国际原油市场影响力研究[J].新东方(4):25-29.

何琦,汪鹏,2017.深海能源开发现状和前景研究[J].海洋开发与管理(34):66-71.

胡建良,2012.东南亚地区炼油行业概况[J].中外能源,17(3):68-73.

胡晓明,周美珍,张飞,等,2014.荔湾3-1气田深水水下管汇总体设计技术研究[J].中国海洋平台,29(6):10-14.

黄保家,李绪深,王振峰,等,2012.琼东南盆地深水区烃源岩地球化学特征与天然气潜力[J].中国海上油气,24(4):1-7.

黄合庭,黄保家,黄义文,等,2017.南海西部深水区大气田凝析油成因与油气成藏机制:以琼东南盆地陵水17-2气田为例[J].石油勘探与开发,44(3):380-388.

黄赫,陈德胜,2014.中国油气产业供求、分布与政策分析[J].首都经济贸易大学学报(5):77-84.

黄季夏,张天媛,王利,等,2020.俄罗斯油气资源空间分布格局及可达性评估[J].地理学报,75(9):2009-2024.

黄景贵,2018.海南省十二大产业发展研究[M].海口:海南出版社.

季托,2011.国际石油价格波动行为机理及预测模型研究[D].大庆:东北石油大学.

加璐,2009.巴西石油资源现状与投资机会[J].当代石油石化(6):39-44.

江红,2002.为石油而战:美国石油霸权的历史透视[M].北京:东方出版社.

姜学峰,张运东,朱琪,2020.新形势下提升中国油气产业抗冲击力的思考与建议[J].国际石油经济,28(2):1-6.

金庆焕,张光学,杨木壮,2006.天然气水合物资源概论[M].北京:科学出版社.

锦坤,韩春花,田先德,2018.我国深海大洋数据资源管理实践与未来发展探索[J].海洋信息,33(4):13-17.

瞿信柏,2006.石油对国际政治的影响:历史的叙述[D].北京:中共中央党校.

康拜英,2012.关于海南开发南海油气资源的若干问题与建议[J].新东方,192(5):16-21.

康煜,熊靓,李春烁,等,2020.海南省工业及能源产业分析与展望[J].世界石油工业,27(3):54-59.

李超,吕晓东,2020.2019年世界和中国石化工业回顾及2020年展望[J].当代石油石化,28(2):16-21.

李国强,2014.南海油气资源勘探开发的政策调适[J].国际问题研究(6):104-115.

李红强,王礼茂,郎一环,2009.能源地缘政治格局的演变过程与驱动机制研究:以中亚为例[J].世界地理研究,18(4):56-65.

李金蓉,朱瑛,方银霞,2014.南海南部油气资源勘探开发状况及对策建议[J].海洋开发与管理(4):12-15.

李克,周文彰,张国平,等,2000.海南经济特区定位研究[M].海口:海南出版社.

李清平,2006.我国海洋深水油气开发面临的挑战[J].中国海上油气,18(2):130-133.

李少林,王宝昌,贺江,2013.美国炼油行业现状及发展趋势[J].国际石油经济(3):77-83.

梁金强,王宏斌,苏新,等,2014.南海北部陆坡天然气水合物成藏条件及其控制因素[J].天然气工业,34(7):128-135.

梁玲,2019.从BP能源统计数据看世界能源消费趋势[J].世界石油工业,26(3):5-11.

梁萌,柯翔,陈欢,等,2017.俄罗斯石油管道体系及出口现状[J].油气储运,36(10):1113-1121.

刘朝全,姜学峰,2019.2018年国内外油气行业发展报告[M].北京:石油工业出版社.

刘朝全,姜学峰,戴家权,等,2021.疫情促变局转型谋发展:2020年国内外油气行业发展概述及2021年展望[J].国际石油经济,29(1):28-37.

刘朝全,姜学峰,吴谋远,等,2015.石油市场逐步复苏　能源转型持续推进:全球油气行业2021年回顾及2022年展望[J].国际石油经济,30(1):1-13+18.

刘合,2020.新冠肺炎疫情及低油价情景对我国油气工业发展的挑战[J].科技导报,38(10):47-49.

刘增洁,贾庆素,2013.沙特阿拉伯油气资源现状及政策回顾[J].地质与矿产(6):42-44.

吕晓东,李超,肖冰,等,2021.世界和中国石化工业2020年综述及2021年展望[J].国际石油经济,29(5):47-52.

罗继雨,刘朝全,石卫,2020.欧佩克:由盛到衰或将走向终结?[J].国际石油经济(9):10-17.

马涵坤,雪桐,1999.世界石油经济史概略[J].国际石油经济,7(2):49-53.

米立军,张功成,2011.南海北部陆坡深水海域油气资源战略调查及评价[M].北京:地质出版社.

潘海滨,赵丽娅,2017.沙特阿拉伯油气地质特征及资源现状[J].海洋地质前沿,33(6):40-45.

乞孟迪,张硕,柯晓明,等,2021.我国炼油工业"十三五"回顾与"十四五"发展趋势展望[J].当代石油石化,29(3):12-20.

钱兴坤,刘朝全,姜学峰,等,2020.全球石油市场艰难平衡发展风险加大:2019年国内外油气行业发展概述及2020年展望[J].国际石油经济,28(1):2-9.

饶兴鹤,2018.亚洲炼油行业继续推进扩能[J].石油知识(1):16-17.

史惠婷,柴建,卢全莹,等,2021.北美天然气现货价格波动机制分析及波动率预测[J].系统工程理论与实践,41(12):3366-3377.

孙宝江,曹式敬,李昊,等,2011.深水钻井技术装备现状及发展趋势[J].石油钻探技术,39(2):8-15.

唐志远,胡云亭,郭清正,等,2015.天然气水合物勘探开发新技术进展[J].地球物理学进展,30(2):805-816.

仝长亮,汪贵锋,易春燕,等,2018.海南省海洋油气资源勘探开发现状与产业发展对策[J].中国矿业,27(10):70-74.

王保群,张文新,林燕红,等,2014.俄罗斯出口天然气管道现状与发展态势[J].国际石油经济(10):68-69.

王殿铭,赵睿,肖冰,等,2020.2019年世界和中国石化工业综述及展望[J].国际石油经济,28(5):41-47.

王海燕,赵巍,黄伟,2014.俄罗斯炼油工业发展现状评析[J].国际石油经济(5):4-14.

王瑾,2005.世界石油贸易与中国石油发展战略[D].大连:东北财经大学.

王京,王建君,曹伟,等,2012.俄罗斯天然气资源现状及潜力分析[J].国际石油经济(12):22-30.

王秀卫,2009.海南省海洋管辖权若干问题刍议[J].海南大学学报(人文社会科学版),27(4):366-370.

王子雯,汪贵锋,易春燕,2018.海南省海域油气基本特征与勘探方向[J].化工管理(9):49-50.

王子雯,汪贵锋,易春燕,2018.南海油气资源勘探开发形势分析[J].中国石油和化工标准与质量,38(20):131-132.

吴康,2017.大洗牌:亚太炼油能力减少,背后发生了什么?[J].化工管理(1):55-57.

吴康,JEFF B,2017.亚太地区炼油工业与油品贸易现状及未来[J].国际石油经济,28(8):81-87.

吴时国,王吉亮,2018.南海神狐海域天然气水合物试采成功后的思考[J].科学通报(1):2-8.

吴时国,王秀娟,陈端新,等,2015.天然气水合物地质概论[M].北京:科学出版社.

吴时国,姚伯初,2009.天然气水合物赋存的地质构造分析与资源评价[M].北京:科学出版社.

吴士存,2022.用中菲油气合作降温南海地缘竞争[N].环球时报,2022-09-29(2).

谢玉洪,2014.南海北部自营深水天然气勘探重大突破及其启示[J].天然气工业,34(10):1-8.

徐海丰,2019.未来五年世界炼油行业展望[J].世界石油工业,26(2):20-28.

徐海丰,2020.世界炼油行业发展状况与趋势[J].世界石油工业,27(1):7-1.

徐洪峰,李扬,2021.国际油价综合分析:影响因素、均衡点与中俄能源合作[J].俄罗斯东欧中亚研究(2):52-72+152.

徐铭辰,2018.全球天然气治理话语权与中国的对策分析[J].东北亚论坛(3):33-34.

徐坡岭,周才荃,2020.俄罗斯对能源化工行业的期望、政策扶持与发展前景[J].欧亚经济(3):1-24+127.

闫宝东,赵堂玉,王利宁,等,2019.全球LNG市场特征和趋势分析及对我国的启示[J].石油与天然气,41(8):25-29.

叶建良,秦绪文,谢文卫,等,2020.中国南海天然气水合物第二次试采主要进展[J].中国地质,47(3):557-568.

余国,姜学峰,戴家权,等,2021."双碳"目标下中国能源发展与能源安全若干问题思考[J].国际石油经济,29(11):8.

张功成,谢晓军,王万银,等,2013.中国南海含油气盆地构造类型及勘探潜力[J].石油学报,34(4):611-627.

张抗,周总瑛,周庆凡,2002.中国石油天然气发展战略[M].北京:地质出版社.

张柳潼,吴康,2011.亚太地区炼油工业发展现状与前景展望[J].国际石油经济(5):27-32.

张歆悦,2018.以集聚创新为动力推动海南油气产业升级:新加坡油气石化产业发展经验与启示[J].自贸区(港)建设(10):49-51.

赵文智,2022.能源安全与"双碳"目标必须作好平衡[J].国企管理:20.

周守为,陈伟,李清平,2014.深水浅层天然气水合物固态流化绿色开采技术[J].中国海上油气,26(5):1-7.

周守为,李清平,吕鑫,等,2019.天然气水合物开发研究方向的思考与建议[J].中国海上油气,31(4):1-8.

朱珺辰,高俊杰,宋企皋,2018.大数据、人工智能与云计算的融合应用[J].信息技术与标准化(3):4.

朱伟林,张功成,钟锴,等,2010.中国南海油气资源前景[J].中国工程科学,12(5):46-50.

朱雄关.丝绸之路经济带战略中的中俄能源合作新机遇[J].思想战线,41(3):120-122.

HE D R,2021.加拿大石油出口国际竞争力研究[D].杭州:浙江大学.